「働けない」をとことん考えてみた。

栗田隆子

「働けない」をとことん考えてみた。

はじめに

この本は仕事、労働に関する本だ。

ただし、仕事がうまくできない、仕事をしたつもりでも怒られる、怖くてできればやりたくない……そんな立場や気持ちから仕事や労働、あるいはシャドウワークとされてきた家事や介護労働等について語った本である。

そもそも仕事や労働に関する本、とりわけそれについて論じたエッセイとなると断然仕事をして当たり前のものとして語られることが多い。仕事の苦労が語られても、結局仕事はみずからの成長を促すものだとか、あるいは社会の接点だといった結論になることは多い。過労死や仕事上でのハラスメントは社会問題としてとらえられるし、「働きたくても働けない」という悩みは受け入れられても今の労働そのものを疑問視するような話はほとんどない。労働そのものについては性善説に立つ人が多いとでもいうべきか。

本来は労働は悪くないものなのに、過労死やハラスメントなどで労働が悪いものとなってしまうなら、その要因を取り除こうという姿勢の方がメジャーだし、穏当だろう。

他方、労働そのものがこの資本主義を支えるよくないものだという考え方はなくはない。一部のアナーキストの本はそのような考え方、あるいはノリで書かれている。だが、この手の本は現代の日本社会の労働が無駄あるいは無意味だという語りは出ても、それ以上に話は展開されない。あとはいかに楽しく社会運動や日常生活を営むかという話となり、労働に関してはそれはもうあっさりと話が終わってしまう。

本書はそのどちらでもない。

労働に関して性善説は取らない。あるいは労働は資本主義を支える邪な行為としてそのまま切り捨ててアナザーワールドをつくる方向にも向かわない。

なぜなら、そのどちらも少なくとも私の経験とはズレるからだ。

今の社会で仕事に対していたずらにポジティブな態度は、リアリティがないと思う人も多いだろう。コロナ禍以降、休むことも以前よりタブーでなくなった気がするし、在宅勤務というものが非日常でもなくなった。とはいえエッセンシャルワークといった現地に行かなければならない仕事はれっきとして存在し、労働や仕事といってもひと括りにできないということこそ、現状だと思う。ただその現状の方がまだしも私は昔（たとえば栄養ドリンクのＣＭで、「24時間戦えますか」と歌われたような時代。１９８８年頃のバブル全盛時代である）よりは息ができるような気がしている。

というのもこの本を読みすすめるとわかるが、私自身は仕事を休んだり、福祉制度を利用したり、また働き出したりしてきた人生だ。働いてもなお自分の稼ぎだけでは生活を賄えないこともある。いわば仕事においてはっきりした立場にはいない。文字通りの不安定労働者だ。そして働きたくないのか働けないのか煮え切らぬ心性のまま、仕事をし、仕事に距離感がある……とはいえもしかしたら多くの人がそんな思いで仕事をしているかもしれない。

だが、こんな煮え切らぬ仕事に関する言葉は多くの本の中では語られない。解決策はなくとも言葉にすることの意味は大きいと信じて、この本を書いた。本を書くのは私はまずもって自分のためではあるのだが、同時にこの本は煮え切らぬ思いの中で仕事をしているあなたに心を込めて捧げたい。

デザイン　藤田裕美

一章

働かない、働けない、働きたくない

……時代が私に追いついてきてしまったのか？

時代が追いついた、後退した、足踏みした……。

うーん、どれもしっくりきそうでこない。

こんなふうに書き出したそのわけはと言えば。

「働かない／働けない」というテーマで、しかも「働かない／働けない女性（独身女性）」の視点から書いてほしいという原稿依頼が、運動団体や同人誌からではなく、商業媒体の出版社から届いたからだ。

私は一九七三年生まれ。就職難であったことから就職氷河期世代、ロスジェネ世代とも呼ばれるが、それ以前には団塊ジュニア世代とも呼ばれていた（それにしてもこのジュニアという言葉にも女性の存在が感じられない）。この時代の家族形態は核家族が最も多く、結婚している女性の中の専業主婦率も一九八〇年までは増加していた（注1）。それゆえ幼稚園入園すらすでに競争だった。事実、私は幼稚園にも落ちたことがある。

一九八〇年代。八〇年代後半はバブルの時代を迎えるが、電電公社や国鉄は民営化、総評（日本労働組合総評議会）は解体。男女雇用機会均等法の成立とほぼ同時期に労働者派遣法と第3号被保険者制度（いわゆる第2号被保険者の被扶養者になれば保険料を支払わなくても年金が受給できる制度）が生まれた。この時代に小学生だった私は落ちこぼれでいじめられっ子だった。

一九九〇年代。バブルの崩壊、阪神・淡路大震災とオウム真理教の事件が世間を賑わした。私自身はその頃とっくにカナダの寄宿学校でジェノサイドを起こしてもカルトとは呼ばれないキリスト教（カトリック）を信じていた。オウム真理教の若者（と言ってもこの「若者」世代は私よりも一回り上の世代だった）と違うのは、私がオーソドックスな宗教を選んだか、そうじゃないかの違いだとうっすら思った。「ロスジェネ」などという言葉はかけらも存在していなかったが、それでも就職の際「企業に五十社以上面接した」「女子はやっぱりなかなか通らない」という現実は身近だった。しかもその当時は私の卒業した地方国立大学の女子学生よりも私立四大卒の女性の方により打撃が大きかった。私は大学院に進んだ。今思えばそこで新卒という切り札を失ったわけだが、私自身はそもそも不登校を経験しており、多くの人ができる「普通」のことが自分には無理だと思い気にしていなかった。もともと体力もなく新卒でフルタイム、残業も厭わず働き続けられるような人間だとは自分を思えなかった。ゆえに、この「新卒」の切り札が初手からなかったことを後悔してはいない。そうして私は二〇〇〇年代以降の就職活動の結果、正社員として雇用されることに順調に失敗するわけだが。

職場の人間関係に耐えきれず自主退職に追い込まれる、あるいは有期契約だからと雇い止めに遭って働き続けられない。健康上の問題から、またはそれらが複合的に重なっていく状況に耐えかねて働けなくなる。そんなあれこれの経験が部屋の隅の目に見えぬ埃のように私の心身に積み重なっていった。そうして働く意欲があるのかないのか、もはや定かではなく、自分でも働けないのか、働かないのかわからなくなる……。私自身は二〇一五年にうつとなり、とりわけコロナ禍では賃労働で働くことが難しくなった。しかしそのような女性は今や首都圏その他都市部では珍しくないように感じる。

十年以上前から女性の未婚率、そして非正規労働者でかつ世帯主、そして主な稼ぎ手でもある女性は増えていたけれど、それでも十年前だったら若くもなく、さして働けもせず誰かの憧れにもならない独身女性による「仕事」エッセイとでもいった企画は通らなかった。楽屋裏的な話で恐縮だが、私の本を出そうという話がかつて出かかったが、結局は企画会議で弾かれたことは複数回経験している。

バブル期に新卒で入ってきた世代が定年に近い年齢となり、いわゆるロスジェネ世代がバトンタッチで職場の権限を握り、さらに一定数女性が入ってきたことで若干状況が変わったのかもしれない。少なくともロスジェネ世代——私より年下のケースがほとんど——の編集者は、私の状態を他人事と思えないと口を揃えて語る。自分が休職したり、うつで倒れた同僚の話をしてくれる場合もある。「自分はなんとかなったけれど自分と同世代の知り合いは今どうしているか……」と複雑な面持ちで話しかけてきた編集者もいる。いわゆる正規労働者と非正規労働者は今なお「身分」のように固定化されており、非正規労働者から正規労働者に移動するのは極めて困難である。それは十年以上前から変わらない。だがそんな時代が長年続いてきたことにより、以前だったら伝えるのに困難だった賃労働への私の醒めた感覚は少数派ではなくなったのかもしれない。私たちの氷河期世代は、windows 95が発売された頃が十～二十代で、ＩＴの進化を肌で知っているため、上の世代と比較すればＩＴに強い傾向がある。そのため私たちの世代が会社の中で少ないことでパソコンやＩＴに疎い年長の世代にその知識を伝えにくくなり、ＩＴの導入などさまざまなところで苦労している話も聞く。企業の自業自得としか思えないが、そんな際の皺寄せは私たちを雇用の門前で足蹴にした責任者ではなく、より若い社員にいっているのだろう。

そもそも恒常的に賃労働をしている状態が、普通の人にとってかつては空気を吸うように当たり前だった。でも最近問われるのはそもそもこの「普通」とは何かということだ。

この「普通」。「普通」などという言葉で覆い隠されているものの、実は日本に住む日本人、日本語話者、健常者、異性愛者でシス（生まれた時に診断された性別と性自認が一致している人を指す）男性、さらには首都圏出身などなどといった「マジョリティの詰め合わせ」みたいな存在だったことが明らかになっている。

総務省統計局が標準世帯モデルというものを公表しているが、その定義はいまだに夫婦のうち一方が第２号被保険者で子どもは二人である（注２）。それらはたとえば年金の計算などにおいて標準的な年金（モデル年金）として、「被用者について標準的な被保険者像を想定し、その被保険者が世帯として得られる年金を示したものであり、年金水準を設定したり、制度的に保障される年金の姿を端的に示す際に標準として用いられる概念である」（厚生労働省）。実質夫である男性がサラリーマンで妻である女性が専業主婦という組み合わせ、労働者がそんなの全然普通でも一般的でもないことに気づき始めたのだ。そういう「普通」のからくりが明らかになり、バブル崩壊以後、不景気と好景気を繰り返していたはずなのに、結局のところ労働者の給料はこの三十年ほぼ上がっていない。大企業の内部留保額は二〇二一年度で五百兆円もあるのに法人税は下がっている。そのくせ消費税は上がり続け、さらには零細個人事業主から実質的に消費税を搾り取ろうとするインボイス制度が始まってしまった。だけど福祉も教育も充実するどころか、生活保護受給額も年金額も確実に下がり続け教育費は増大している。その合間に地震が起こり、原発は爆発し、異常気象に続き災害も起き、疫病が流行り、戦争も起き、その結果物価が上昇し続けているこの現状！　二〇二四年十二月現在、「マジョリティの詰め合わせ」のような人でさえも今後当たり前に働けると思えなくなってしまった時代。労働に対する感覚にも変化が起こってきている。

そして賃労働という枠組みで働いたり、働けなかったり、あるいはその繰り返しで働く意欲とはなんなのかよくわからなくなったロスジェネ世代の女性（おおむねシスジェンダーでかつ異性愛者）である私。この私の視点からあらためて賃労働を語っていくのがこの本だ。いや、賃労働だけに限らない。家庭で行われるさまざまな「家事」と呼ばれる雑務、育児や介護などのコロナ禍以後でいうところのエッセンシャルワーク、あるいはフリーランスの仕事、ボランティア、地域活動や社会運動についても取り上げたい。

さらには病人・障害者であること、いじめや暴力、性暴力の被害を受けてサバイバーとして生きていくことも「仕事」としてとらえ直してみたい。従来なら「仕事」や「労働」に組み込まれてこなかった属性や存在、ケアを受ける側、助けられる側の立場だからこそ行いうる「しごと」や「はたらき」があり、それについても語りたい。

現在の社会ではアンペイドワーク（あるいは低賃金労働）に据え置かれているケア労働の「はたらき」や「しごと」が低く見積もられ、ぞんざいに扱われてきたことの意味についてもうんと語りたい。だが同時に「（賃労働で）働かない／働けない」人間／女性であること、いわば病人、障害者、失業者、無職者といった存在は「はたらき」や「しごと」に無縁なのか、という問いが私の中にはふつふつとある。今までの私の人生の経験においてすると、この日本社会から「無職」としか名乗ることを許されていない人たちのその「無職のちから（無職力）」に頼ってきた事は、本当にたくさんある。そんな「無職のちから（無職力）」を示す事例もおいおい本書で語っていきたい。無職力の別名は労働力の搾取というのかもしれないけれど。

はるか昔の時空間に想いを馳せる。十九世紀イギリス。近代工場労働の過酷な環境。いわゆる「労働運動」はそこから生まれた。マルクスやエンゲルスといったビッグネームたちの作り出したインターナショナル、あるいはウィメンズマーチを生み出したアメリカの労働運動、日本だって戦前から労働運動はあった。ただし戦中に国家総動員体制に組み込まれてしまったが。戦後に復活したものの今は組織率（労働組合に加入している人が雇用者に占める割合を表す「推定組織率」）が下がっている。

労働運動というと一貫して、心身元気だが「仕事はできるが解雇される」「仕事はできるが低賃金」「仕事はできるがそもそも（性別・民族・人種・門地等々の属性ゆえに）雇われない」状況への抵抗がメインだったと思う。過去においても現在でも「働いていない人」「働けない人」「働きたくない人」は病人や障害者といったカテゴリーに振り分けられ、労働運動の主体としてみなされることはほとんどなかった。そして日本のメインストリームの労働運動の主体は男性だった。現在の資本主義社会の下で資産がある人以外は働いて給与を得るのでなければ、福祉制度を使うしかない。ちなみに、私は文筆業とか文筆家と名乗っているものの別にそれで「飯を食えている」わけではない。アルバイトしながら物を書き、障害年金を受給し、親切な知人の空き家を無料でお借りして生きながらえている。そういう点では「障害者」と名乗っても構わないし、こういう話をする際には必ず私がどうやって生きているかを示すためにもまず障害年金の話を伝えることにしている。ちなみに生活保護を受給したこともある。

そんな私が「働かない／働けない／働きたくない」という話をした際に、「そんなのはお金があるからだ／実家が太いからだ／養う相手がいないからだ」などなどとこの十年言われてきた。そのツッコミに対しては現状の生活保護制度が受給できた時点で、自慢にもならないがどれくらいお金がないかがわかろうというものである。生活保護制度はしばしばあまりに金がなくなった時点でしか支給されないことが問題視されている。

ちなみに生活保護受給経験があることを伝えた上で呼ばれたトークセミナーで「どれくらいの貯金額だと生活保護が受給できるのか」と尋ねられた時、「うーん……もはや貯金と言える額とは言えないけど五万円切ったら？」と自分の経験を伝えたところ、静かな声で質問者が「働いて生きていくことを目指します」と言われたのはなかなか感慨深い。「実家が太い」とはどこまでを指すのかわからないが、親に借金があるわけでもなく、障害年金で暮らしていけることを「実家が太い」というなら私の実家は太いのだろう。しかし私のことを「太い」とか「恵まれている」と語った人たち全てが親の借金を抱えている人なのかは限りなく謎である。そんな私だが「文筆家」とか「文筆業」と名乗ることにしている。自分の書いた本に関連した話をするためにトークイベントなどで呼ばれたり、また障害年金だけで暮らしているわけでもないからだ。

先ほど労働運動の主体は健康な人で男性だったという話をしたが、現在健常者／病者・障害者と労働の話をする際に、その二つのカテゴリーがスッキリ分けられうるのかという問題もある。かつて厚生省と労働省に分かれていた組織が厚生労働省になってしまったのは単純に公費を削りたかっただけだからだろうが、二〇二四年の日本社会では幸か不幸か労働問題と福祉の問題を簡単に分けることができなくなっている。労働に対する私自身のスタンスが「働かない」「働けない」「働きたくない」ときっちり分けられない現実は、私自身が既存のカテゴリーにハマれなかったことをも意味している。「働かない／働けない／働きたくない」という表記は、賃労働者としてのアイデンティティも病者や障害者というアイデンティティもはっきり持てないことをも示している。

……と、この原稿を書いている際にこんなネット記事が目に飛び込んできた。

「いよいよ世界中で『働かない人』が激増中…それが経済に与える『深刻すぎるダメージ』」という見出しだ（注3）。この記事を読むとコロナ禍が問題というよりも、コロナ禍以前から脈々と続いている労働そのものの問題が露呈したとしか思えない。「高い賃金を提示しても、職場の環境が良くない企業の場合、容易に人は集まらず、米国の労働参加率は横ばいが続」き、「こうした動きがもっとも顕著となっているのが、いわゆるエッセンシャルワーカー（ライフラインの維持に欠くことのできない業務に従事する労働者）の職場」とあるが、もともとのエッセンシャルワークの仕事が安すぎるのである。エッセンシャルなのになぜ低賃金だったのか。それこそ「人身取引」だと国連から警告を受けている技能実習生の仕事は、建設業の他に農林業や家事労働が多い。人が生きていくのに必要な仕事を「人身取引」いわば「奴隷」として行わせていることの恐ろしさに震えるが、アフリカから無理矢理連れてきた黒人奴隷にやらせていた仕事がアメリカの綿花畑の労働や家事労働だったことを思えば、生活に必要な仕事を尊重せず奴隷労働の待遇として扱うことが怖いと思うのは少数派かもしれない。労働は、それが生活に必要な仕事であればあるほど暴力的（暴力を振るう側／振るわれる側に振り分けられることを含め）になっているのはなぜなのか……。

はじめから内容を詰め込みすぎたが、この怒濤の問いを一つずつ私の立ち位置から考えていきたいと思う。みなさん、よろしくお願いします!!

（注1）一九八〇年まで専業主婦率は上昇し続け、一九九七年には共働き世帯数が専業主婦世帯数を逆転し、二〇〇〇年代以降はその傾向をさらに強める。

独立行政法人 労働政策研究・研修機構「早わかり　グラフでみる長期労働統計：図12　専業主婦世帯と共働き世帯　1980年〜2023年」参照　https://www.jil.go.jp/kokunai/statistics/timeseries/html/g0212.html

（注2）標準世帯モデルとは「標準世帯……夫婦と子供2人の4人で構成される世帯のうち、有業者が世帯主1人だけの世帯に限定したものである。」

総務省統計局「家計調査　用語の説明」　https://www.stat.go.jp/data/kakei/2004np/04nh02.html

（注3）加谷珪一「いよいよ世界中で『働かない人』が激増中…それが経済に与える『深刻すぎるダメージ』」『現代ビジネス』二〇二二年九月七日　https://gendai.media/articles/-/99490

「正規雇用」の「正」ってナニ？
――正規雇用と非正規雇用の分断の正体

「私は、賃金が高いとは言えないけれど、自分の働き方も、内容も、労働時間も自分には合っていると思うんです。……でも自分の働き方はいつでも『非正規雇用』『非正規労働』『非正社員』って言われてきました。自分の働き方はどこか正しくない、一人前じゃない、例外……そんな風に言われているようで、複雑な気持ちにさせられてきたのも事実です」

女性の労働問題に関する集会で、ある参加者がこのように語ってくれたことがある。正規雇用、非正規雇用などとあまり深く考えずこの言葉が使われている向きがあるが、いったいぜんたいこの「正」とは何を意味しているのだろう？ 誰が、どこから、どんな目的で、なんのために労働のあり方を「正」と「正に非ず」に分けているのだろうか。

今の日本社会でとかく胡散臭く思われているのが「正」という概念である。正義などという言葉を使おうものならTwitter（現在のX）等のSNSでは「自分が正義のつもりで何様だｗｗ」「正しさを振り回すな」「戦争は自分が正義だと思うところから始まる」などなどと言われる。確かに戦争は古来「聖戦」「悪の枢軸を倒す」「大東亜共栄圏を守る」といった大義名分を謳って行うのが常であったから、正しさを疑いたくなるのはわからなくはない。

だが意外なことに、「労働」というジャンルで「正規労働」「非正規労働」などという言葉が使われたときにその「正」概念に対して冷笑したり、突っ込んだり、憤るようなSNSの書き込みは少数だ。非正規労働者から正規労働者への移行が極めて難しく、実質「身分制度」のようになっているのに、それでも労働者を分断する「正」概念を疑うことは極めて少ない。いや、「疑い」が希薄である事実こそが「身分制度」なのかもしれない。身分制度はその制度を疑問視できないからこそ身分制度足りうるのであり、正規雇用と非正規雇用の分断とは、この「正規雇用」や「非正規雇用」という言葉や概念を人々が驚くほどすんなり受け入れていることから始まるようにも感じる。

それならばあらためて正社員や正規雇用といった「正」はどこから生まれたのかを調べるのが今回の目的だ。あれこれ検索したところ、「正社員の意味と起源」という論文を発見（注1）した。その冒頭には下記のように書かれている。

「『正社員』という用語が一般的に使われるようになるのは１９８０年前後からであり、その原因はパートタイマーの増加であったと考えられる。時代的にみれば、『社員』というステイタスは戦前の『エリート』から戦後『ふつうの従業員』へと徐々に変化していく。そして、一九八〇年代に入って『正社員』という雇用身分が新たに一般化する。」「雇用身分（傍点は引用者）」として身分という言葉が当然のように使われているのにも驚くが、「正社員」という言葉が高度成長期後のバブル前という時代に生まれた比較的新しい用語だったことに驚いた。しかも「正社員」が生まれた背景はパートタイマーの増加が理由であり、「『常用パート（常用雇用のパートタイマー）』を析出するため」とあるのだ。

それじゃあパートタイマーが現れたからその差異を表すがために「社員」という言葉の前に「正」ってつけたの？　といきなり答えに行き着いて愕然とした。この時代のパートタイム労働者のほとんどは既婚女性である。さて、「恒常的に賃労働をしている状態が、普通の人にとってかつては空気を吸うように当たり前だった」とさきほど言及した。さらにこの「普通」とは「日本に住む日本人、日本語話者、健常者、異性愛者でシス男性、さらには首都圏出身などなどといった『マジョリティの詰め合わせ』みたいな存在だったことが明らかになっている」と書いたが、この正社員という言葉が生まれた理由は、フルタイムで働くパートタイマーと分けたいがためだったのである。それならば正社員とパートタイム労働者の違いは能力とか実力だとかいう話でもなんでもなく、最初から「マジョリティの詰め合わせ」か否かにすぎないのである。しかも八〇年代初頭はまだ男女雇用機会均等法さえ存在しておらず、「女性は募集しない」と雇用の段階で周知してもなんの問題もない時代だったのだから、なおさらである。

しかも日本ではパートタイマーという働き方が本当に短時間労働だったわけでもない。それは和製英語ここに極まれり、というべき「フルタイムパート」という言葉が証明している。このパートタイム労働者が増えた時点で、同一労働同一賃金、あるいは同一価値労働同一賃金という賃金システムに踏み切ることもしなかった。一九八〇年以降はパートタイム労働者が増えたというものの、それ以前は圧倒的に専業主婦が多かった。しかもアメリカやヨーロッパでは景気が悪くなっていた時代だが、日本はバブル景気のイケイケの時代に突入していたために既存の制度を変革する必要を感じていなかった。労働条件におけるジェンダー面の改革もこの時代に徹底的になされることもなかった。多くの人が指摘しているように一九八五年にほぼ同時に成立した「男女雇用機会均等法」「労働者派遣法」「第3号被保険者」という制度によって、それぞれごく僅かな「男性並みに働く女性」、「派遣労働者」あるいは「有期契約で働く女性労働者」、第2号被保険者（実質サラリーマンの夫）を補助する専業主婦たる「第3号被保険者」といった女性像を作り上げ、女性同士もまた制度的に分断されていった。もちろんこれは大まかなイメージであり、女性同士の分断はさらに巧妙に作られている。

私の母親は八〇年代、それこそフルタイムパートとして某大手企業で設計図を描く仕事をしていた。その頃彼女がこんなことを話してくれた記憶がある。

「正社員の女性たちが、私たちの仕事を羨ましがる。手に職があって、やりがいがある仕事で羨ましいと言われる。正社員の女性たちは二年もやればもうその職場にいられなくなるから」。またあるいは「正社員の男性と一緒に仕事を長くするのは私たち（フルタイムパート）で、正社員の女性たちはコピーしたり、お茶を汲んだり、雑用ばかり。やっぱり手に職をつけないと」

なにぶん小学生だったので母の言わんとしている意味はほとんどわかっていなかった。わからないことを覚えているのは私の性分かもしれないが、こんなことを小学生相手に話す母も母である。だが私の労働への疑惑の原点にもなってくれているので、今は感謝してはいる。

……と、話が逸れたが、この話から垣間見える企業の巧妙なやり方を指摘したい。多くの女性正社員の雇用（男女雇用機会均等法以降は「一般職」と呼ばれる）は、給与はそこそこでも、その女性たちの担う仕事はいわゆる「やりがい」を感じられず、数年で辞めても問題ない。なんならそこに勤める「正社員」の男性と結婚すれば、年金制度的にもよし、といった扱いだった。他方で既婚女性のフルタイムパート労働者にはやりがいのある仕事を与える代わりに、月給が二十万に届くことは決してなかった。男女の分断の手前にまず女性間での巧妙な待遇の違いを示すことで、いわゆる「総合職」の正社員の枠組みにまで疑念を抱かせないようにする……そんな手口に思える。正社員間にも「総合職」「一般職」の違いをつけ、さらに女性正社員とフルタイムパート労働者のどちらも条件が十全でなく「酸っぱいまんじゅうか辛いまんじゅうのどちらかを選べ」みたいな選択にする。

そしてその「正社員」の働き方を支えているのは「専業主婦」と呼ばれる女性の存在だ。この専業主婦の立場も、この資本主義社会の中で「稼働能力のない存在」としてとかくバッシングの対象となる。だがそこに、第3号被保険者や税控除だのの制度によって「メリット」を与え声を上げにくくする。そうした専業主婦の人たちの多くは正社員でも軽視される経験をしてきた女性だったかもしれない。そうであれば仕事に活路を見出すビジョンも見つけられないだろう。

何という巧妙な分断だろう。女性の分断とはいわば「正規労働」の「正」概念に疑念を抱かせないための罠だったのではなかろうか。

結局のところ正社員たる男性が専業主婦、あるいは安い賃金で働くパートタイムの女性を養うというかたちの「性別役割分業」はいまだにはびこり、年金制度もその性別役割分業を根本に据えてしまったことこそが現状の正規労働者・非正規労働者の分断の理由の大きな原因なのである。正規雇用・非正規雇用の分断の根っこにはジェンダーの問題が横たわっており、この「正」はまさに男性……を前提とする「マジョリティの詰め合わせ」を表す「正」なのだ。新自由主義の経済においては、この「正社員」の良い待遇も隙あらばどんどん切り崩そうとしているものの、今なお「マジョリティの詰め合わせ」が労働条件で有利であることに変わりはない。

ちなみに一九八〇年代以前は正社員という言葉はなく、ただの「社員」としか呼ばれていなかったわけだが、専業主婦率が上昇していく最中での高度成長期の流行語、「モーレツ社員」は当然男性を指し、「社員」といえばこれまたほぼ男性なのは自明である。

ところで「社員」とは法律用語では社団法人の構成員や、株式会社の構成員である株主などを指すという。つまり、株主総会などで会社に関する重大事項を決定できる立場が「社員」なのだ。なぜ日本ではこれが従業員を指すようになったのか。前述の論文では「これには『企業のメンバー』であるというニュアンスがあり、それが『会社の一員』ということを短縮した形で『社員』という言葉になったのかもしれない」とある。いわゆる終身雇用が前提（しつこいけれどあくまで「マジョリティの詰め合わせ」の人のみ）の日本大手企業では社宅や住宅手当など福利厚生が存在しており、「職場結婚」という言葉が存在していたように企業が家族形成の軸となっていた。そのような環境においては、「企業のメンバー」というのは単なる公的な関係性ではなく公私が混ざり込んだメンバーシップとなっていた。日本語はなんでもひっくり返せば本音が出ると言った人もいるが、「社会」とは実質「会社」であることもその一つなのだろう。さらにこの社員を社会の中心に据えるやり方は、資本主義の根源とも言うべき資本家（経営者や株主や土地を持つ人）と労働者の対立、「労使対立」を曖昧にし「労使協調」路線へと誘導し、資本主義への疑念を逸らすのにも都合が良かった。さきほど女性同士の分断を作り出すことによって「正社員」の枠組みへの疑念を逸らすと書いたが、本来なら株主を指す「社員」を従業員の呼称にすることで「労使関係」という資本主義のもとでの緊張感のある関係を覆い隠し、家族のような運命共同体として企業や株主の存在を認識させる良いやり方だったのかもしれない。事実「社員」という言葉が使われだした頃に、エリートを指す「社員」が普通の従業員へと変わっていったが、それは日本の労働運動が徐々に後退していった時期と重なる（注2）。

正社員／それ以外といった分け方そのものは八〇年代から始まったわけではない。たとえば大企業の工場などでは「本工」（大企業の生産工程に就労する常用労働者（正規雇用））、「臨時工」（短期の労働契約で雇用されている、主として製造工程に従事している労働者）という雇用区分がなされていた。この本工という言葉は現在ではほとんど使用されていないが、企業内労働組合における「正社員中心」の労働運動を「本工主義」と呼ぶあたりにその痕跡を残している。そして臨時工の主な層は減反政策などで生じた農村部の過剰労働者たちであった。

　しかしここで注目したいのは、臨時工が多く存在していた時代には、労働供給（すなわち労働者側）の研究が非常に多かったという事実だ。そして臨時工が減少していくにつれ労働需要すなわち企業側の研究が増加したという。また、臨時工が減少していくにつれ、実は女性パートタイマーが増加していったのだが、多くの日本の労働研究は「このことを視野に入れなかった」（注3）という。その理由はパートタイマーの多くが既婚女性だったからではないか。既婚女性がパートタイマーであることを当然のものと決めつけ研究すら手薄になったとすれば、女性労働者への「軽視」の根深さは凄まじい。

　それこそ二〇〇〇年代に時給かつ有期契約で働き出したのが大卒の日本人健常者男性だったことにより注目された非正規労働者問題だが、それは「臨時工」が注目された時代の焼き直しというか、同一線上の価値基準の発想だったといって良いだろう。臨時工の問題は六〇年代には廃れていたというから、もはや戦後から現代に至るまで女性労働を軽視し続ける日本の労働史に吐き気を私は覚えるが、みなさまいかがだろうか。

（注1）久本憲夫「正社員の意味と起源」季刊『政策・経営研究』vol. 2　二〇一〇年

（注2）たとえば三池炭鉱で一九五九〜一九六〇年に起きた争議以降は炭鉱労組は徐々に衰退の道を辿る。その時代からエリートとしての「社員」ではなく一般的な従業員としての「社員」が増加する。

（注3）遠藤公嗣「日本的雇用慣行の最終的確立は何時なのか？——雇用調整の機能をになう労働力の変化に注目して——」社会政策学会誌『社会政策』第八巻第一号　二〇一六年

働けない人間の身に起きたこと——年金制度に潜む差別

病気になり、その症状が固定してしまった結果、働けなくなった人間が生きていくために受給する障害年金。この制度にまつわる「事件」についてお伝えしたい。

二〇二二年十一月十一日（金）。日付まではっきり覚えている。

日本年金機構（本部）からハガキが届いた。

いわゆる圧着シールを使ったハガキ。ぺりぺりとシールを剝がし、中身を見た。そこには「年金生活者支援給付金　不該当通知書」と書かれており、「支給要件となる受給していた基礎年金が全額支給停止となったため」と書かれている。

正直、意味がわからなかった。

障害年金というものは、初診日が確定したら規定の書類と医師の書いた診断書を提出して、等級を審査する仕組みになっている。私の等級の更新は二年にいっぺんだ。

私の場合は二〇二二年の六月が更新の時期だったため、五月末には書類と診断書を担当部署に送付した。等級の結果通知が来るのは書類提出から二〜三ヶ月後だと言われている。しかし五月末から半年近く経った二〇二二年十一月十日まで日本年金機構から等級に関するなんの連絡もなかった。それこそ「等級結果の通知が遅くなる」という連絡さえもなかった。私は「等級が変わらない場合は通知もないのかしら?」と今思えば呑気に構えすぎていた。

「年金生活者支援給付金」については後で詳しく説明するが、私の場合だと「障害基礎年金」に紐づいて支給されるものである。

その「障害基礎年金」に関する等級の通知が届いてもいないのに、いきなり「年金生活者支援給付金　不該当通知書」が届いたのだ。通知の順番さえめちゃくちゃで、私はしばらく狐につままれたような顔をしていたに違いない。「障害基礎年金」を受給していたはずなのに、なぜこんなものが急に届いたのだろうか。ハガキに記載されていた「給付金専用ダイヤル」に電話したところ、「等級の変更通知が届いているはずだ」と言われる。

そんな通知は全く届いていない。

「今の郵便事情で届くのが遅くなっているのかもしれない。来週には届くはずだ」とのこと。こんなところで土曜日が配達中止になるという郵便政策の影響を実感させられるとは。翌週を待つことにした。

この日本年金機構からのハガキの内容をお伝えするには、まず障害年金の説明をしなければなるまい。細かい話で恐縮だし、わかりづらいかもしれないが、もし読者ご自身や身近な人が障害年金制度を使う場合にお役に立てればとも思っている。

障害年金には「障害基礎年金」と「障害厚生年金」の二種類がある。

「障害基礎年金」は国民年金に加入している間、または年金制度に加入していない二十歳前、もしくは六十歳以上六十五歳未満に、「障害の原因となった病気やけがについて、初めて医師の診療を受けた日」＝初診日に診断された病気やけがが、法令により定められた障害等級表（一級・二級）による障害の状態と判断された際に支給される年金である。

二つ目の「障害厚生年金」とは、「厚生年金に加入している間に初診日のある病気やけがで障害基礎年金の一級または二級に該当する障害の状態になったときは、障害基礎年金に上乗せして」（傍点引用者）支給される年金である（注1）。

ものすごくざっくり言えば、初診日の際に国民年金に加入していたら「障害基礎年金」、厚生年金に加入していて、等級が二級以上ならば障害基礎年金に上乗せした形で「障害厚生年金」を受給することになるのだ。

老後の年金も厚生年金に入っていた方が圧倒的に有利なわけだが、障害年金においてさえ、「厚生年金」優位の現実がある。障害の重さのみで受給額が決まるのではなく、初診日の時に加入していた年金の種類によっても受給額が左右されるのだ。この本で再三指摘している「正社員（＝「マジョリティの詰め合わせ」）」を中心に年金制度も回っているのだ。厚生年金は基本「サラリーマン（あえてマン、という言葉を使う。いまだに男性が多数だからだ）」と呼ばれるような人たちが加入しているのだから。

そんな私だが、この病気の初診日の際にはたまたま厚生年金に加入しており、等級が二級と診断されていたため、障害基礎年金二級に上乗せされた形で障害厚生年金を受給していた。いわば障害年金制度においては恵まれた層だった。

そしてもう一つ。「年金生活者支援給付金」についても説明したい。

「年金生活者支援給付金」とは、「消費税率引き上げ分を活用し（傍点部引用者。わざわざこう書くのも何か含みを感じる。消費税がどれだけやっかいな税かは、「インボイス制度――国家や企業の本音が透け透け」で説明したい)、公的年金等の収入金額やその他の所得が一定基準額以下の方に、生活の支援を図ることを目的として、年金に上乗せして支給」されるものだ。これは「老齢基礎年金」「障害基礎年金」「遺族基礎年金」を受給している人に対して支給される(注2)。

日本年金機構からのハガキを受け取った翌週の十一月十四日(月)。「給付金専用ダイヤル」から言われた通り「国民年金・厚生年金保険　支給額変更通知」書類が届いた。そこには私の等級が下がり、支給額が下がることが記載されていた。しかし私は理不尽な思いでいっぱいになった。それは等級が変わったことに対してというより「なぜこんなに連絡が遅れたのか」という説明も謝罪も何一つ書かれていなかったからだ。だってそうだろう。書類は六月末が〆切のため本来八月に連絡が来ていいものが十一月半ばまで遅れたのだ。障害年金は偶数月の十五日に(つまり二ヶ月に一回)後払い方式で支給されるため、八〜九月の年金は十月十五日に支給されることになる。せめて十月はじめに支給額変更の通知が来れば、十月に支給された額を極力使わず、心の準備をしながら今後の生活の仕方を考え、探ったはずだ。支給額の変動は私の生活・人生・命に関わるものだ。等級が下がる理由は書かれていても、その通達が遅れた理由は何も書かれていない。

しかも最初に来たハガキの「年金生活者支援給付金　不該当通知書」をよく読むと「不該当年月日」は「令和四年九月一日」となっている(注3)。つまり私の障害等級が下がることは九月一日以前にはすでに判明していたのである。

ちなみに等級が下がった理由としては、私が最初の障害申請をした際に診断書を書いた医者と、今回申請を出した際に診断書を書いた医者が違う（つまり病院を変えている）ことにより、診断も違ってしまっていたことに起因する。等級が下がった理由は明快なので理解はできる。だが、この通達の遅れは理由もわからないので理解のしようもない。そしてこんな重要な通達が遅れるということは、支給額が減額という通知が遅れることによって、生活や人生や生命に危険が及んだとしても、どうでもいい対象であると、この私をみなしていることではないか……。

私は怒りで呆然としてしまった。Facebookにこの件について投稿したし、友人にも話をした。

大概の人はこの制度の理不尽さを理解してくれたが、それでも中には「医者が変わった場合は前の医者の診断書を見せるもの」「霞ヶ関の偉い人に伝えたら、ようやく謝罪が来た」とも書き込みされた。

医者が変わったら前の診断書を新しい医者に見せて「診断」の参照にさせて良いのだろうか。そもそもそんな技を障害者に主体的にやらせることで、制度そのものの不合理や、制度の決定に関わる人たちの問題を結果的に隠蔽してしまうのではないか。まして や偉い人に言わないと謝罪が来ないって、民主制からはるかに遠い話じゃないか。そもそもこのタイミングでそんなことを言われたってどうしようもないし……と疑問に思うと同時に、つまりは〈オレはこんなことを知っているんだぜ〉というマウントをされたことに頭がクラクラきた。「善意なのかもしれないですが、マウントしないでください」と返信を送った。

まず「ねんきんダイヤル」（前述の「給付金専用ダイヤル」とは別のダイヤルなのだ）に連絡をし、なぜ等級の通知が遅れたのかを問いただしてみた。電話の相手は疲れていたのかもしれないが、「どうでもいい」という態度を前面に出してきている（ように感じた）。対応できないのなら、わかる人に代わるか、違う部署につないでもいいのに、そういう話にもならない。思わず、「あなたにとってはどうでもいい話かもしれないけれど、こちらは生活がかかっているんです。そんなバカにしたような態度を取らないでください」

と怒ってしまった。

向こうはようやく「申し訳ありません」と返答した後、「普通」の態度となり、地元の年金事務所の相談窓口へとつないだ。ちなみにこのコールセンターの相手は男性（と思しき声の持ち主）である。……おそらく私のように理不尽な目にあって電話してきている人もいっぱいいる中で、いちいち真摯に対応していたら板挟みでそれこそ心を病んでしまうような状況なのかもしれない。そもそもこの電話受付の仕事がどれだけの待遇と賃金なのか。いわゆる「非正規労働者」の可能性も高い。そしてそんな矛盾だらけの職場に居続けられる人は良くも悪くも「鈍感」にならざるを得ず、そういう人が重宝されているのかもしれない。

やりきれない思いのまま今度は地元の年金事務所の相談窓口に同じことを伝える。等級に納得がいかない場合の不服申し立ての手続きなどについては説明してくれるものの、「なぜ通知が遅れたのか」という質問については、「お一人お一人を丁寧に見た結果、五ヶ月以上かかった」と言うのだ。

「あなた個人の問題ではないとしても、そんなふうにお一人お一人丁寧に見た結果が予定よりも二ヶ月も遅く通知がくる時点で、制度設計がおかしいし、障害者に差別的ですよ。だって各種税金の連絡や、国民年金等の請求だって、お一人お一人金額が違うはずなのにちゃんと届いているじゃありませんか。なんで障害等級の通知だけ遅れることが当たり前のようになっているのですか？」

向こうはただ申し訳ないと言うばかりで、きちんとした答えが出ず、埒があかない。これ以上やりとりを続けても仕方がないと思い電話を切り、日を改めて十二月二日（金）に日本年金機構の代表窓口に電話をした。

「年金の相談ならねんきんダイヤルへ……」という相手の言葉にかぶせるように、「年金の相談ではなく、年金の通知に関する問い合わせはどなたにすれば良いのでしょうか」と尋ねる。

「本部ではそのような問い合わせは受け付けておらず、何かあればお近くの年金事務所に問い合わせてほしい」と言われ、「コールセンターでも地元の年金事務所でも埒があかなかったから、日本年金機構の本部に電話をしたんです」と伝える。すったもんだの挙句に、ご意見対応の窓口にしか連絡できないということで仕方なくそこにつないでもらい、今までの経緯を話し、「なぜ等級変更の、しかも支給額が下がる通知が遅れたのかを知りたいのです」と話すと、「なぜ通知が遅れたのかを調べてお答えするのは、地元の年金事務所です」と言われる。

……漫画家の水木しげるが、何かの本で「現代の妖怪」として「国家」と「貨幣」を紹介していたが、その二つの大物妖怪の下っ端としてうろうろする小悪党な妖怪「タライマワシ」っていうのがいるとしか思えない。この妖怪「タライマワシ」はコロナ禍で爆発的に増えているようだが、とりわけ社会的な助けを求めている人の気持ちを吸い取って存在している……とかしょうもないことが頭をよぎり、暗い笑いが込み上げてきた。

日本年金機構から私の地元の年金事務所に連絡をして、どういう経緯だったかを調べてほしいという伝言をするという話にようやくなった。中一日かかるので、私の方からも地元の年金事務所に連絡をしてほしいと言われた。

十二月五日（月）午後。再度地元の年金事務所の前回話をした人につないでもらう。前述の日本年金機構でのやりとりの内容を伝えたところ、「さきほど日本年金事務所からの連絡が届いた」と言われたので「午後五時までは連絡できるようにするので、今日中にわかるかどうか、遅れる場合は遅れることを連絡してほしい」と伝えた。

「必ず遅れるときはその旨を連絡する」とのことで、一旦電話が終わる。一時間後、年金事務所から連絡が来た。

「障害年金センターという日本年金機構の内部にある、障害年金の等級を審査する部署に確認をしたところ、二〇二二年十月以降に等級が変更することは九月には判明しているが、等級そのものはまだ九月中は変更されていないので、データの処理上九月中に等級の変更の連絡はできない。これは全員に適用されている話で、この事例だけの問題ではない」

という説明だった。

上記の返答に納得する以前に（今も納得はしていない）、理解するのにものすごく時間がかかった。等級の変更がわかっていても、その変更が判明した時点では等級が変わっていないために、これから変更することの連絡ができないとはどういうことなのかと意味がわからなかった。

わかったのは、障害年金のシステムそのものが、一刻も早く障害者の立場の人に変更の連絡をして今後の生活を考えられるようには作られていない、ということだ。

たかが通知と思われるだろうか？　しかし通知の正確さや丁寧さは、社会的な地位に密接していると思う。二〇二二年の十月、東京都渋谷区にある美竹公園に住んでいる野宿者に何の通達もなく、渋谷区は公園を封鎖し野宿者を追い出そうとした。野宿をしていた人は何の連絡もしなくていい相手と渋谷区から思われていたのだ（注4）。

「年金事務所に勤めるあなた個人の問題ではない。しかし障害者の私の立場からすれば、等級が変わって支給額が下がる場合はそれこそ一刻も早く連絡をいただき、その後の生活を考えたい。そんなことも許されないというのは、制度設計そのものが障害者に対して差別をしているとしか思えない。年金事務所でもどうしようもないなら、どうしたらいいのか。しかも障害年金センターというものがあることも今初めて知った。ここの連絡先は公表されているのか」と聞くと、「障害年金センターは等級審査にかかわる部署で、公表はしていない」という。

「何度も電話をして初めてわかったことばかりで、通知の書類には何も書かれていない。透明性に欠けている制度としか思えない」と伝えると、「言い訳になるかもしれませんが、ちゃんと制度に則って等級の審査を進めており、不透明ということではありません」

「日本年金機構側にとっては自明の話かもしれませんし、違法という話でもないのでしょうが、私の立場では全くその仕組みが見えないし、不透明極まりないです。このシステムに対してどの立場にあるかという問題ですよ」

そして電話を終えた。

「差別は人の『気持ち』や『憎悪《ヘイト》』の話だけではない。制度や、その制度が構築しているシステムといった社会構造に起因している」

私は差別についてそのような認識をしているし、人前でも話してきた。

個々人の憎悪や嫌悪の感情にとどまるものではなく、必ず法律、制度、システムなどの社会構造に裏打ちされている。そう……それはまさに今回の話に通じる。これまでも婚姻制度や税制度等にジェンダーに由来する差別の問題を感じてきたが、今回「働けない」障害者として、巨悪妖怪「国家」と「貨幣」、そして小悪党妖怪「タライマワシ」に振り回されながら、この社会構造的差別をしみじみ噛み締めることとなった。

ちなみに日本年金機構や年金事務所への連絡は、調子を崩してもいたので、ほぼ布団の上で行った。中国で話題の「寝そべり族」（注5）あるいは高島鈴さんの本のタイトル『布団の中から蜂起せよ』（人文書院、二〇二二年）ではないが、寝そべりながらの抗議行動となった。

そして布団の中からでも勉強会をしたり、この事態を変えるアクションを起こしたい。みなさんと一緒に考え、布団の上からアクションできたら幸いだ。

（注1）日本年金機構「障害年金」の説明を参照。わかりづらいところは説明を省略したり、文の前後を入れ替えた。
https://www.nenkin.go.jp/service/jukyu/shougainenkin/jukyu-yoken/20150401-01.html

（注2）厚生労働省「年金生活者支援給付金制度について」の説明を参照　https://www.mhlw.go.jp/nenkinkyuufukin/system.html

（注3）元号は私の思想に即しておらず、利便性にも欠けるため極力西暦を使うことにしているが、今回は記載事項をそのまま引用したので元号記載のままにした。

（注4）渋谷区は福祉制度利用を進めたと語るが、このような暴挙をする時点で人権的な観点とは思えない。なお日時などは、野宿者としての生活や人権を守り、たたかいとるために、渋谷・新宿などで野宿者を中心に活動する「ねる会議」ブログを参照　https://minnanokouenn.blogspot.com/

（注5）昨今、中国の若者たちの間で「だらっと寝そべって、何も求めない。マンションも車も買わず、結婚もせず、消費もしない」「最低限の生存レベルを維持し、他人の金儲けの道具や搾取される奴隷になることを拒絶する」という「寝そべり族」（中国語では「躺平」）ムーブメントが起きていることが話題になっている。
「中国の若者に広がる『寝そべり族』　向上心がなく消費もしない寝そべっているだけ主義」『クーリエ・ジャポン』二〇二一年六月七日記事　https://courrier.jp/news/archives/248461/

独身女性のイメージの変遷を追ってみる
――ゼロ年代から二〇年代まで

今回はずばり、イメージの話だ。それも「独身」という言葉が持つイメージについて話したい。

ひとことで独身といっても、性差や年齢によってそのイメージは異なってくる。しかしその話の前に、独身というイメージさえ希薄な存在についても触れる必要がある。

たとえばセクシュアル・マイノリティ……ゲイやレズビアン、トランスジェンダー、ノンバイナリーなどの属性に対しては、実際に独身者が数多存在していても、残念ながらそのイメージさえ多くの人にとって共有されず、希薄なものとされ続けてきた（注1）。独身かパートナーとともにいるか、あるいはポリアモリー（注2）かといったライフスタイルのイメージ以前に、存在してはならないものとされていれば、そのイメージは皆無か、偏った一面的なものにしかならない。そのような偏ったイメージの生成プロセスに関わる社会構造のありようが、言い換えれば差別とか偏見とかレッテルというものに他ならない。

偏った一面的なイメージという話で言えば、性的なイメージやフィクションがどれだけ現実社会に影響を及ぼすか／及ぼさないかがしばしばＳＮＳなどでも話題になる。

だがそこで語られる性的なイメージはことわり書きがない限り、たいてい日本社会では女性、とりわけ若年女性の性的な身体イメージだ。そして若年女性に性的な欲求を覚えるのは、これまたことわり書きがない限り男性という前提で話されることがまだまだ多い。そんなマジョリティの性のイメージやパターンばかりが溢れている状況はなんだかイラつくし物足りない。そもそもマジョリティの現実さえどこまで投影されているか疑問だ。私自身が今から語る独身という話も、異性愛者としてのマジョリティ視点に偏っており、私の限界と言えよう。そのことを踏まえて日本社会における独身女性のイメージが、この二十年でどのように変遷したかを考えてみたい。

なぜこの二十年かといえば、端的に独身女性が劇的に増加したからだ。現在の私は五十一歳で未婚（結婚をしたことがない女性の意味。統計ではこの言葉が用いられている）の独身である。そこに該当する年齢層である四十五～四十九歳の二〇〇〇年時点での未婚女性率は六・三％だったが、二〇二〇年では十九・二％と三倍以上に跳ね上がっている。つまり四十五～四十九歳の女性のうち約五人に一人は未婚という数字がはじき出されている。ちなみに男性は二〇〇〇年時点での四十五～四十九歳の未婚率は十四・八％だが、二〇二〇年には二十九・九％と、実に四人に一人以上は未婚という結果である。（注3）。

この二十年の変化の一つとして、二〇〇三年の酒井順子著『負け犬の遠吠え』（講談社）という本を挙げたい。収入がいくらあってもどんなに美人で仕事ができても、「三十代以上・未婚・子ナシ」の女は（著者自身含め）負け犬であるとして、「三十代以上・未婚・子ナシ」にならない十箇条といったものが冗談（？）めかして書かれた「負け犬にならないための10ヵ条」があった。「独身女性」であるだけで「負け犬」がイメージされる時代だったのである。考えてみれば九〇年代後半に放映していた『お水の花道』というマンガ（のちにテレビドラマ化。ドラマでは主人公は三十歳設定）（城戸口静原作）では、主人公のホステス女性は二十八歳で「崖っぷちにいい」たのだ。また、ゼロ年代くらいまでの独身の女性芸人たちは「結婚したい」と話すのが笑いのネタになっていた。『負け犬の遠吠え』の著者はバブル世代であり、その後の時代の展開を思うと、このような本が出ていたことそのものが、当時の価値観や感覚を示す「アーカイブ」とも言える。

しかしこの本が出た頃には、すでに氷河期世代が非正規労働者として多く働き出していた。二〇〇五年頃からフリーター問題がＮＨＫのドキュメンタリーなどで取り上げられるようになった。しかしそこではフリーターの独身男性は描かれても、女性はまるっきり描かれないか、あるいはフリーター男性のパートナーとして撮影されていた。二〇〇七年に『フリーターズフリー』という雑誌を私たちが出した際に、フリーター女性はなぜマスコミなどで取り上げられていないのかと疑問に思い、「母でもなく、妻でもなく、カルメンのように男を惑わす愛人でもなければ、職業的な成功を果たした女性でもない」女性は『ないもの』とされている」と書いた（注４）。実際にはその頃の私も、そして今も「母でもなく、妻でもなく、カルメンのように男を惑わす愛人でもなければ、職業的な成功を果たした女性」でもなく現実社会を生きているわけだが（ささやかにものを書けるようになったことは変わったが、成功というには経済的な力がもっと兼ね備わっているべきという気がする）、当時はフリーター女性のモデルやイメージさえなく、自分はどこにもいないという違和感を強く覚えていた。

他方で男性はその頃どうだったのかを考えてみる。

「父でもなく、夫でもなく、ドン・ファンのように女性を惑わす愛人でもなければ、職業的な成功を果たした男性でもない」キャラクター、フィクションの男性……。

……おるおる！　ぎょうさんおる!!　興奮してついつい関西弁になったが、その当時すでに存在していたさまざまな不安定な独身男性たちのイメージが思い浮かんでくる。映画『男はつらいよ』で渥美清が演じる主人公の寅さん、太宰治の『人間失格』の主人公や、『ムーミン』に出てくるスナフキン、樽の中で生活していたと言われるギリシャの哲学者ディオゲネス、さらに宗教界で言えばイエスとか、妻や子のいる王でありながらそれらをぶん投げたのちに有名になったお釈迦様ことゴータマ・シッダールタとか……有史以来たくさん存在しているわりに現在の独身男性にどれほど影響を与えているかと言えば微妙で、影が薄くなっている感も否めない。このあたりの男性像は三章「怠け者」列伝」で改めて取り上げることとする。

独身女性の場合、かつてフィクションで描かれたのは前述したような「結婚したい！」と願う女性が大半であり、それ以外となると、当時の私が思い浮かべたのはアガサ・クリスティの推理小説の主人公「ミス・マープル」くらいだった。しかしミス・マープルはヴァージニア・ウルフの『自分だけの部屋』に描かれているような自分の部屋と資産を持っている女性だからこそ、いわばボランティアで犯罪解決の協力ができたのである。じゃあ、女性の独身者で不安定で住所さえ不定となると……林芙美子の『放浪記』の主人公になるのだろうか？　しかし彼女はあまりにタフで、女性が不安定なまま生きるにはまず体力がいるんだな……と感じた記憶がある。あと「独身者」というのは「結婚できる年齢」であることが含意されていると思うので、リンドグレーン著の『長くつ下のピッピ』の主人公ピッピやミヒャエル・エンデの『モモ』は該当しないだろう。おまけにピッピは金貨をたくさん持っているのだ。この独身のイメージをめぐる男女の非対称性、それが二〇〇七年当時、のちに氷河期世代と呼ばれるようになった三十代の私の実感であった。

さて、その後ゼロ年代後半には不安定な非正規労働、あるいは働いておらず「ニート」と作品上で呼ばれるような独身女性の姿が次々と描かれるようになった。たとえば漫画では東村アキコ著『海月姫』（二〇〇八―一七年連載、講談社）で風呂・トイレ共同の古いアパート「天水館」に住み、働いていないさまざまな趣味嗜好のオタク女性たちが描かれていた。ただし、ストーリーの中盤からは彼女たちは洋服のブランドを立ち上げるといった具合で、自営の話へと移り変わっていった。独身の女性とオタクであることを結びつける漫画はその後、つづ井著『裸一貫！　つづ井さん』（二〇一九―二三年、文藝春秋）などでも描かれている。また小説では、年収百六十三万円の契約社員かつ独身女性が描かれた津村記久子著『ポトスライムの舟』（二〇〇九年、講談社）が出版され、この作品は第一四〇回芥川賞受賞作となった。二〇一六年には、コンビニで働くことに幸せを感じる三十代半ばのアルバイト女性と周囲の人間との齟齬を描いた村田沙耶香著『コンビニ人間』（文藝春秋、第一五五回芥川賞受賞作）が登場した。さらにはコロナ禍を背景に、新聞社の非正規労働者でかつ独身女性の主人公が、シングルマザーの女性や外国人の非正規在住者と過ごす姿が描かれる櫻木みわ著の『コークスが燃えている』（二〇二二年、集英社）や、女性アイドルへの推し活を心の支えに父の介護のために故郷に戻り、父への葛藤を抱える独身女性を描いた河﨑秋子著『介護者Ｄ』（二〇二二年、朝日新聞出版）といった小説も存在している。

そして実在の人間だが、特筆すべきはお笑い芸人の「阿佐ヶ谷姉妹」だ。「阿佐ヶ谷姉妹」は売れていない頃から同じ部屋で暮らし、今なお隣同士の部屋に住み、仕事だけではなく、生活を共にしている関係にも注目されている。その阿佐ヶ谷姉妹のモーニングルーティンをアップしたYouTube動画は四百万回以上も再生されていたという（現在は非公開)。実際の阿佐ヶ谷姉妹はしっかりお笑いの仕事をしている二人だが、のんびりと二人で生活している佇まいは、キャリアバリバリといった雰囲気からも遠いイメージを醸している。

二〇一〇年代から二〇二〇年代に漫画や小説で描かれている独身女性は、恋愛よりも好きな漫画やアニメなどへの愛、「推し」への愛を中心とした生活か、または非正規雇用など不安定な労働と生活の中で生じる齟齬や葛藤が描かれることが多い。「恋愛や結婚よりも〇〇を優先する」独身女性といえば、昔は「仕事」や「将来の夢」がしばしばイメージされてきたが、今では「推し活」「オタク」「趣味」といったものが多い。仕事は人生において優先されるものというよりも、雇用形態の不条理や職場での人間関係のキツさや社会構造の問題が背景に描かれていたり、仕事を中心として描く場合も会社組織ではない場合も多い。

いわば恋愛や結婚は人生の中心ではないが、女性が一人で安心して生きていける経済力を持つのは困難な社会だからこそ、ささやかな趣味を生活の中心とし、同居したり近所に住み、支え合うイメージ……それはリアルな現実社会を映し出そうと、創作者が苦心して描き出している「イメージ」と言えるだろう。

さて、独身男性のこの二十年の変化を追うには、「弱者男性」といった言葉やイメージの分析が必須であろうし、それらに関する本もすでに多数出版されている。ただし、女性と違うのは、独身男性のイメージは昔からそれなりに存在していた点だろう。だが既存の（というか古来ゆかしい）フィクションの独身男性には、「世俗を捨てた」美徳とか、何らかのイノセントなありようとか、世の中についていけないダメさ（だけど女性にはモテることもある）などが備わっていることが多く、いわば美化された、あるいは時代遅れの独身像であって、現実の「弱者男性」と言われる男性にはたいして役に立っていない気がする。独身女性が「結婚したがっている」女性として描かれたり、負け犬として描かれている従来のフィクションが今を生きる女性たちには共感を得ることが難しいように、今を生きる独身男性も「美化された独身像」からはそれほど力を得ることはできないのではないか。

かつての独身男性のイメージのように、「独身である」ということでどこか神聖であったりイノセンスになるイメージや、あるいはかつての女性のように「結婚したがる独身」というイメージだけではない、それこそ多様性のある独身のイメージが今後ますます必要だ。氷河期世代の私も独身ゆえの苦労はあるけれど、もっと現実に即した、そして独身として生きていく上で力が湧いてくるようなイメージ（それはビジョンという方が的確かとも思うが）を作りたい。

この二十年で独身者がこれほどに増加しているにもかかわらず、年金制度や生活保護などの社会保障はいまだに世帯単位で行われており、ますます歪みが生じている。二〇二二年に公開された映画『ＰＬＡＮ 75』はまさにそんな歪みの中で生まれた高齢独身女性の姿が描かれていて、ＳＦとは思えない（『男はつらいよ』の中で寅さんの可憐な妹を演じた倍賞千恵子をキャスティングしているところが何とも皮肉めいて秀逸だ）。

イメージは現実とフィクションを往復すると同時に、現実と未来をつないでいくものだと思う。だからこそある属性のイメージを希薄化、あるいは一面的にとらえるのではなく、文字通りさまざまに豊かにする試みこそ、未来の生き方を豊かにし、多様性の鍵となるのだ、と私は信じている。

（注1）独身のセクシュアル・マイノリティのイメージが希薄、ということはもちろん現実に存在していないというわけではなく、そもそも名乗ることさえ許されない、この社会の多数派の価値観の問題に他ならない。下記の記事で長谷忠さんが口をつぐんできた理由はこの社会の多数派の責任と言える。
「（私の選択）89歳で釜ケ崎に移り住む　同性愛者として詩を紡ぐ・長谷忠さん　93歳」『朝日新聞デジタル』二〇二二年六月八日　https://asahi.com/articles/DA3S15319216.html?iref=eve_articlelink01/（有料記事）二〇二四年十一月、95歳で逝去。
（注2）ポリアモリー（Polyamory）：ポリアモリーとは、関係者全員の合意を得た上で、複数の人と同時に恋愛など親密な関係を結ぶライフスタイルを指す。
（注3）令和二年（二〇二〇）の国勢調査参照。ちなみに国勢調査では、異性同士のカップルは婚姻届を出していなくても配偶者として集計するが、同性カップルの場合は配偶者ではなく「他の親族」として集計しており、改善を求める声が当事者から上がっている。
（注4）こちらの文章の初出は『フリーターズフリー 01号』（二〇〇七年、有限責任事業組合フリーターズフリー編、人文書院）。『ぼそぼそ声のフェミニズム』（二〇一九年、作品社）「ないものとされてきた女性たち」に所収されている。「フリーター」は今や死語になりつつあり、若い方にとっては非正規労働者という言葉の方がしっくりくるだろう。「フリーター」の定義は「十五～三十四歳で、男性は卒業者、女性は卒業者で未婚の者のうち、〈1〉雇用者のうち勤め先における呼称が『パート』か『アルバイト』である者〈2〉完全失業者のうち探している仕事の形態が『パート・アルバイト』の者〈3〉非労働力人口で家事も通学もしていない『その他』の者のうち、就業内定しておらず、希望する仕事の形態が『パート・アルバイト』の者」と定義している。「平成二十七年版 子供・若者白書（全体版）第2節 若年無業者、フリーター、ひきこもり」 https://www8.cao.go.jp/youth/whitepaper/h27honpen/b1_04_02.html
　女性は非正規労働者であっても既婚であるとフリーターの定義から外される。しかし二〇一八年度から、高年齢化するひきこもりやニートの就労を後押しするために四十～四十四歳も含める方針となり、さらに二〇二一年度から氷河期世代の就労支援等を開始しており、実質、この定義による年齢区分は意味をなさなくなっている。

インボイス制度――国家や企業の本音が透け透け

一人暮らしをしている家にはテレビがない。私が情報を得るのはネット上の新聞記事やＳＮＳからがほとんどで、テレビのＣＭを見る機会は極端に少ない。だから実家に帰省をした際にテレビを見ていたところ、会計ソフトのＣＭで「この請求書、インボイス制度に対応している？」といったやりとりが交わされていて愕然とした。私の推測では「インボイス」の導入をこのまま進めるのであれば多くの零細事業主と会計現場の混乱をもたらすと思うのだが、会計ソフトの会社はインボイス制度の導入を当然としてＣＭを作っていたのだ。

税金に関して素人の私がなぜこの制度について取り上げるのかといえば、それだけ切羽詰まっているからだ。加えて、私のような素人の言葉の方がかえって伝わりやすいものも、あるかと思っている。国税庁のサイトには「インボイス制度の概要」が説明されているが、「本当に伝える気があるのか？」と驚くほどわかりにくい（二〇二三年二月時点）（注1）。国税庁のサイトに書かれている説明でわかる人は、すでに消費税のこともインボイスのこともよく理解している人としか思えない。

インボイス制度とは何か。インボイスとは英語で「請求書」という意味だが、財務省や国税庁は「適格請求書」と、わざわざ「適格」という日本語を使うのがイヤラシイ。その意味は後述するとして、まずインボイス制度が導入されるということは「消費税の納税の仕組み」が変わるということだ。だからインボイス制度を知るには、消費税についてざっくり知る必要がある。

消費税の税率は身近な話題だろう。消費税が導入されたのは一九八九年で、スタート時は三％だった。それ以前には景気が今より非常によかったにもかかわらず、消費税は存在していなかった。その後一九九七年には五％、二〇一四年には八％、そして二〇一九年に標準税率十％（軽減税率では八％）になった。生活賃金はこの三十年ほとんど上昇していないのに消費税だけはどんどん上がっている。消費税率は買い物をする人ほとんどが目の当たりにするのでわかりやすいように思える。だが、インボイス制度導入は消費税を納入する企業側（特に会計や経理担当者）はわかるが、消費者個々人には実にわかりにくい話なのである。

ここで「買い物するたびに消費税を国家に支払っているんじゃないの？」と思った方はおられるだろうか。たとえば百円の買い物をしたら消費税は十円となるが（二〇二三年二月現在）、この十円がそのまま国家に納入される、つまり買い物をした人間が直接税金を払っていると考えていないだろうか。

私たちは買い物をするたびに消費税を払っているが、その際「納税者」ではなく「担税者」と呼ばれる立場になる。あくまで消費税を納税しているのは「事業主」であり、消費税は「間接税」（担税者と納税者が違う税。担税者と納税者が同じ税を「直接税」という）なのである。消費税は製造業者→卸売業者→小売業者→消費者と、商品が矢印の流れの中で取引されるたびに、その販売価格に上乗せして税金がかかっていく。最終的にその上乗せされた税金を消費者個人が支払う。この上乗せされた税金を最終的に消費者が払う仕組みは「転嫁」と呼ばれる。

じゃあ、事業主は担税者が「本体価格＋消費税」を支払うのと同じように、この「消費税分」を納税しているのかといえばそうではない。「売り上げ価格」の中の「十％」

から、さらに「仕入れ税額」を差し引いた金額を納税しているのだ。これを「仕入れ税額控除」という。「仕入れ税額」とはいかなるものかを説明するとややこしくなるのでここでは省くが、とにかく百十円の商品が売れたとしても、そのうちの十円全部を企業が全部納税しているとは限らないと知っておいてくれればいい。すでに頭がこんがらがってきている読者もおられるだろう（私も当初は頭がぐちゃぐちゃになった）。それはこのシステムを理解できないあなたが悪いのではない。はっきりいって消費税の仕組みそのものが、消費者である個人にとっては非常に不透明なのだ。「本体価格＋消費税」といった形式で記載されている商品を見ると、てっきりその「消費税」と書かれている部分が納税されていると、素直な人ほど思うはずだ。しかし実は大企業であればあるほど控除される「仕入れ税額」が大きく、消費税として支払う額は売り上げの十％より低いのが現実なのである。

なぜ、声優やアニメーター等、フリーランスからインボイス制度導入反対の声が上がっているのか？　実は日本の消費税法九条により「課税売上高が一千万円以下である者」の消費税は免税されている。インボイス制度とは、このような課税売上高一千万円以下で企業と取引のある個人事業主（フリーランスの相当数はこれに該当するだろう）に、消費税を支払うか、支払わないかの選択を迫る制度である。憲法九条は大事だが、零細個人事業主にとっては消費税法九条も非常に大事だ。

たとえば私が消費税を支払う選択をするならば、税務署に申請して「登録番号」をもらい、「課税事業者」という立場となる。「課税事業者」にならないことも形式的には選べるが、その場合、取引先企業から嫌がられる可能性がある。というのも、先ほど企業が消費税を支払う際には「仕入れ税額控除」が認められるという話をしたが、今後は「課税事業者」が税務署からもらった登録番号が記載された請求書がなければ「仕入れ税額控除」が認められず、取引先の企業がその分税金を負担することになるからだ。ただの請求書ではなく、わざわざ「適格」などと英語にはない言葉を付け加えたことには、仕入れ税額控除ができる請求書は「適格」なものと判断する日本の役人の価値観が滲み出ている。つまり零細個人事業主から見たインボイス制度とは、課税売上高一千万円以下の免税事業者であっても消費税の課税事業者となる必要が生じる制度だ。もちろん課税事業者になればそれだけ納税の負担が大きくなり、それによって廃業、あるいは起業することを諦める人が多数出てくるだろう。

しかしこの話だけを聞くと、「消費税って一千万以下の事業者は支払ってないの!?

得してない？」と誤解する人も多そうだ。課税売上高とは仕入れ額なども込みの金額であり、手取りの額ではないので勘違いしないでいただきたい。またこの「納税義務の免除」について「益税」と主張する学者もいるが、「益税」などという言葉は税法上存在しない。「控除」という言葉はそれがどんな大企業が対象であっても人々に抵抗なく受け取られるのに、「免税」という言葉はそれがどんなに零細な事業者が対象であっても厳しい視線に晒されるのはなぜなのか。「控除」は配偶者控除、扶養控除というように、この本でもマジョリティの代表としてしばしば登場する「サラリーマン」になじみ深い言葉だからなのか。ちなみに、この免税の基準も今は課税売上高が一千万円以下だが、消費税がスタートした一九八九年当時は三千万円以下だった。消費税率は上がっているが、賃金は下がり続け、また免税の基準も下がっているというのはどうにも納得ができない（注2）。

この原稿を書いているのは二〇二三年二月はじめだが、確定申告の受付がそろそろはじまる。二〇二二年分の領収書をかき集めたり、会計ソフトと格闘したり、税務署主催の相談会に行ったりと、多くの人があたふたする時期だろう。もしインボイス制度が導入され、課税事業者になった場合は、そんな領収書をかき集める作業に加えて、領収書に登録番号がきちんと記載されているかどうかをチェックする必要がある。そんなの手作業でやっていられるか！　と思う人々を、冒頭で書いたように種々のＩＴ企業がインボイス仕様にした会計ソフトやオンラインシステムといった商品やサービスを携えて待ち構えているわけだ（注3）。

そもそも私がこの制度について初めて知ったのは、二〇二一年秋頃に旧 Twitter（現在のX）上で、インボイス制度反対の署名を呼びかけるツイートを見たのがきっかけである。

二〇二〇年二月、私は著書『ぼそぼそ声のフェミニズム』（二〇一九年、作品社）を出したことを契機に「個人事業主」となった。それこそ冒頭に書いた通り、消費税は直接税だと思い込んでいたほど、消費税について無知だったので、もし個人事業主になっていなければそのツイートを見逃していた可能性が高い。

当時は本当にごくわずかな人しかこの制度について理解していなかったと思う。実際にインボイス制度が導入されたら生活に影響が及ぶ人であってもほとんど知られていなかったのではないだろうか。著名な声優やアニメーターがインボイス制度について発言するようになったことで、二〇二一年頃よりは周知されているとは思う。インボイス制度反対の声が大きく、課税事業者となった場合も二〇二三年十月一日から三年間は売り上げ時に受け取った消費税の二十%だけ支払えばいいといった中途半端な妥協案（?）を政府が出さざるを得なくなったくらいだから（私自身の見解としては、あくまでこのインボイス制度は廃止すべきで、少なくともまずは導入を延期すべきだと思うが）。なにせ、個人事業主や企業はおろか、インボイスを推進する立場であるはずの財務省さえ、この制度を導入することによる影響の大きさをちゃんと把握していたかは極めて疑わしかったのだ（今もその破壊力をどこまで認識しているのか疑わしいが……）。

インボイス制度のことを知って間もなくの二〇二一年十二月十六日、衆議院第一議員会館にてインボイス制度に関するレクチャーに参加した。フリーランスのライターの方が企画したこのレクチャーでは、三万千五百七十人、Ａ４用紙にして八百枚超のインボイス制度導入反対署名が財務省に手渡された（注４）。その際に財務省官僚は、インボイス制度が導入される理由は「税の公平性と透明性」の担保だと語った。しかしインボイス制度を知れば知るほど、前述したように「消費税そのものの不公平性と不透明性」を知ることとなった。インボイス制度による「税の公平性と透明性」は、消費税に対する多くの人の「無知と無関心」を利用した詭弁としか思えない。消費税は滞納率が非常に高い税金でもあるのに、収入の低い人からさらに納税させようとする意味がわからない。海外では多くの国がインボイス制度にしているという点を導入の理由として挙げる人もいるが、個人事業主としてはそんな曖昧な理由で導入されたらたまったものではない。インボイス制度の導入は一部の企業の目先の利益にはつながるが、社会全体に豊かさをもたらすものとは思えない。

インボイス制度によって、私は政府のフリーランスという働き方への軽視、無知、そして無関心をつくづく感じた。そもそもフリーターとフリーランスを区別できていない政治家がいたが、二〇二一年の財務省のレクチャー時でも「名ばかり事業主（注5）のような立場の人はどうするのか？」という質問にも満足に答えられず、「大学の先生の副業などは対象としない」などトンチンカンな回答が返ってきた記憶がある。また「ライターはインボイス制度が導入されても、原稿料に消費税分を上乗せして賃金を支払ってもらうのは難しい。ただ切られて終わるだけだ。そのような事態は考えているのか？」「ウーバーイーツなどの働き方はどうなるのか？」などと質問をしてもまともな回答は返ってこず、実際に影響を受けるであろう多くの個人事業主のことなど何も考えていないことがその時わかった。

二〇一五年に成立した女性活躍推進法の一環として、経済産業省は「女性活躍推進に向けた起業支援の取組」を進めて（注6）、「女性の起業」が日本経済を支えるという発想のもと、女性のための起業セミナーを男女共同参画センターなど各地で行っていた記憶がある（注7）。私は自分が住んでいた自治体の男女共同参画センターが発行している冊子が「女性の起業」をテーマに記事を作るということで、ある女性の起業家にインタビューをしたことがある。その女性は「時間に融通がきくので家族のケアとの両立ができる」点や「女性は男性と違って大きなところから始めようとしない」点で女性は起業に向いていると話してくれた。しかし「子育てや介護と両立できる形」で「大きなことから始めようとしない」姿勢で起業しようとする（あるいは起業した）女性たちにとって、インボイス制度は妨害にこそなれ、後押しになるとはとても思えない。またインボイス制度の反対運動を通じて、女性のフリーランサーがとても多いことに改めて気づかされた。私は女性活躍推進法を良いものとは思っていないのだが、それでも女性活躍などと口では聞こえのいい話をしながら、地道にフリーランスで活動している女性の足を引っ張っている事実を、女性の起業を推進していた人たちは今どう考えているのだろう。

またフリーランスの仕事に就く人の中には、いわゆる定時に起きて、電車に乗って通勤するといったスタイルの仕事ができない、あるいは向いていない人もいるはずだ。私自身もうつになっても続けていける自分なりの「働き方（お金の稼ぎ方）」を、国や企業が邪魔しようとしている現実をつくづく感じる。いろいろな意味で「マイペース」を許さない政治・許さない社会。本当にどこに多様性があるのかと思う。この国の労働の中心にいるべきは「サラリーマン」という発想が根強くあるとしか思えない。消費税という極めて不透明な税をめぐるこのインボイス制度において、結局は国家や企業の都合に合わせた都合の良い働き方をとりわけ女性たちにはしてほしいという本音が透けて見えてきたと言える。

（注1）国税庁「インボイス制度の概要」連載（二〇二三年二月二〇日）当時　https://www.nta.go.jp/taxes/shiraberu/zeimokubetsu/shohi/keigenzeiritsu/invoice_about.htm
（注2）「電子インボイス推進協議会（英語名称：E-Invoice Promotion Association）」という組織が二〇二〇年七月二十九日

に発足。その会員には会計ソフトの会社や××ソリューションズといったＩＴ関連会社が名前を連ねている。二〇二二年六月一日には「デジタルインボイス推進協議会」に名称変更（ただし英語名称は海外において「e-Invoice」が一般名称ということでそのまま）。二〇二三年一月二十三日時点においては日本公認会計士協会や日本税理士会連合会までも特別会員（団体）として名前を連ねている。　https://www.saj.or.jp/documents/activity/project/eipa/eipa_memberlist.pdf

（注3）一九八八年三月十日、竹下登総理（当時）は消費税に関し衆議院予算委員会における発言で、〈1〉逆進的な税体系、〈2〉中堅所得者の税の不公平感の加重、〈3〉所得税のかからない人たちへの過重な負担、〈4〉いわゆる痛税感が少ないことによる税率の引き上げが容易、〈5〉新しい税の導入により事業者の事務負担が極端に重い、〈6〉物価を引き上げ、インフレが避けられない、といった六つの懸念を挙げていた。このような懸念がすでに生じていたにもかかわらず消費税が導入されたのだ。そして、これらの懸念のうち、〈6〉だけは外れたが、あとは全てが当たっていたと言える。そしてインボイス制度によって〈3〉と〈5〉の懸念が現実となっていっている。

財務総合政策研究所　財政史シリーズ『平成財政史―平成元～12年度』第四巻 租税 第一章第二節「平成元年度の税制改正」参照　https://www.mof.go.jp/pri/publication/policy_history/series/h1-12/4_1_2.pdf

（注4）この時のレクを企画した人々によって、インボイス制度を考えるフリーランスの会、通称「ＳＴＯＰ！インボイス」（Twitter：@STOPINVOICE）が生まれた。同団体の呼びかけによって二〇二三年二月十三日時点で十八万百六十二筆の反対署名が集まり、同日に財務省へ手渡された。　https://twitter.com/STOPINVOICE/status/1625008354308546561?s=20&t=M7Ljozn_Y_QheP1pgTU9tg

（注5）「名ばかり事業主」とは、働く時間・場所や仕事の方法などが企業に決められるなど、実質的には「労働者」と同じであるにもかかわらず、契約上は企業から個人事業主（業務委託など）として扱われる人たちのこと。

（注6）「経済産業省の女性活躍推進に向けた起業支援の取組」（平成二十八年［二〇一六年］一月）経済産業省経済産業政策局経済社会政策室　資料3参照　https://www.gender.go.jp/kaigi/renkei/team/kigyo/pdf/h28_0121_kigyo01_3.pdf

（注7）注6の資料は「平成二十七年度男女共同参画推進連携会議『女性の起業支援』チーム　第一回会合（平成二十八年一月二十一日）」に使用されたものである。男女共同参画局においても当時は女性の起業が主要テーマの一つであったことがうかがえる。

「女性活躍」とは何なのか？——「女性の人権」とは似て非なるもの

ここ数年、日本でも国際女性デーに行われるイベントが増えてきている。

ためしにGoogleで「国際女性デー２０２３」で検索をかけると、上位に「国際女性デー｜HAPPY WOMAN」というウェブサイトが登場する。クリックすると「３月８日は国際女性デー｜女性の生き方を考える日　女性のエンパワーメントとジェンダー平等社会実現を」「日本最大級の国際女性デーイベント【7年目】全国14都道府県34会場で開催」、さらに下に行くと「パートナーシップで、人を社会をハッピーに。」というハイテンションな見出しが掲げられている。この「パートナーシップ」とは個人の話ではなく企業とのパートナーシップであることもお伝えしたい。「インタビュー」ページを見ると「HAPPY WOMAN」のテーマソング“WE ARE HAPPY WOMEN”を歌っている倉木麻衣や黒柳徹子、佐伯チズ（故人）などの有名人が登場する（注1）。

さらにこのウェブサイトは、「株式会社ハッピーカンパニー」という企業が管理している。事業内容には「イベント／セミナー／研修／ブランディング／マーケティング／プロデュース／コンサルティング／企画制作／クリエイティブ」とある。なんだか胡散臭い……と眉間に皺を寄せつつ読み進めると、その会社の代表取締役は男性で「広告制作会社、株式会社マイナビを経て起業」というプロフィールを確認し（注2）、勘が当たった気分になる（2025年現在のサイトでは少し変更あり）。個々人の女性が潤うのではなく、結局は広告会社や求人会社、あるいは派遣会社がマージンや宣伝費用によって儲ける図式は私にとって既視感あるあるである。

「非正規労働者で次の仕事先はどうなるのか不安」、「うつでしんどい」、「上司からセクハラやパワハラを受けて辛い」、「給料が低くて生活が苦しい」、「昇進したら同僚の男性社員からいじめを受ける」といった悩みを抱える人（女性）にとっては、このインタビューの人選やキャッチフレーズは某首相の発言ではないが「異次元」感満載ではなかろうか。

そして私の著書をもれなく読んでくださるディープな栗田隆子マニアのみなさま（こ

の世に三人くらいはいるかもしれない）なら、ここまで読まれて、「栗田隆子はイラッとしているのでは？」と心配されるかもしれない。その心配はおおむね当たっているのだが、まずはこのサイトの見出しにある「7年目」という言葉に注目したい。

なぜ七年目なのか？「女性活躍推進法」は２０１６年4月に全面施行された。その翌年からこのイベントが行われているのだ。そもそも女性にまつわる法律でいえば、すでに一九八六年には男女雇用機会均等法が施行され、二〇〇一年には男女共同参画社会基本法が施行されている。それなのになぜわざわざ「女性活躍推進法」が生まれたのだろうか。この法律の意図やその背景はいかなるものだったのか。

そこでまず厚生労働省からの通達「女性の職業生活における活躍の推進に関する法律の施行について」（注3）を見てみたい。そこには法制定及び改正の経緯として以下のように記されている。長いが、引用してみる。

我が国における15歳から64歳までの女性の就業率は、着実に上昇してきているが、就業を希望しているものの育児・介護等を理由に働いていない女性（女性の非労働力人口のうち就業希望者）は約１７０万人に上る。さらに、子育て期の女性に焦点を当てると、第一子出産を機に約5割の女性が離職するなど出産・育児を理由に離職する女性は依然として多い。

また、雇用形態を見ると、女性は出産・育児等による離職後の再就職にあたって非正規雇用労働者となる場合が多いことなどから、女性雇用者における非正規雇用労働者の割合は約5割となっている。

さらに、管理的職業従事者（就業者のうち、会社役員、企業の課長相当職以上、管理的公務員等）における女性の割合は約15％と低い水準にとどまっており、近年ゆるやかな上昇傾向にあるものの、欧米諸国のほか、アジア諸国と比べても低い状況にある。

このように、働く場面において女性の力が十分に発揮できているとはいえない状況を踏まえると、働くことを希望する女性が、その希望に応じた働き方を実現できるよう社会全体として取り組んでいくことが重要である。

一方、我が国は急速な人口減少局面を迎えており、将来の労働力不足が懸念されている。さらに、国民のニーズの多様化やグローバル化等に対応するためには、企業等における人材の多様性（ダイバーシティ）を確保することが不可欠であり、新

> たな価値を創造し、リスク管理等への適応能力を高めるためにも、女性の活躍の推進が重要と考えられる。
>
> このため、女性の活躍推進の取組を一過性のものに終わらせることなく着実に前進させるべく、民間事業者及び国・地方公共団体といった各主体が女性の活躍推進に向けて果たすべき役割を定める新たな法的枠組みを構築することとし、女性の職業生活における活躍の推進に関する法律を制定することとしたものである。（傍点は引用者によるもの）

つまるところ、この女性活躍推進法の「女性活躍」とは、あくまで賃金の発生する仕事に限った話なのである。就業を希望しているが働いていない女性を労働に就かせるため、管理職の女性の就業の割合を上げるため、そして何より企業における人材の多様性を確保するための法律なのだ。私がこの連載でしつこく考えている「働かない」「働けない」状態の独身女性は、この法律の中における多様性には含まれないのである。

ちなみに二〇一六年に私の身に起きたこととして、一つ紹介したいエピソードがある。

その年の十二月、東京都港区赤坂にあるANAインターコンチネンタルホテル東京にて駐日欧州連合代表部が主催した「EUハイレベル会合&ネットワーキングレセプション女性の経済的エンパワーメント」という集まりに、当時私が代表という立場にいた団体が招待されたのだ。招待状の文面を一部引用したい。

「……さて、男女平等の促進における欧州連合（EU）の取組みにより、多くの欧州市民の生活が改善されています。しかしながら、労働市場への参加、経済的自立、給与および年金、管理職種における、平等の達成からはいまだ程遠いといえます。」

ハイレベルなスピーカーが集まる会合の招待状を受け取った人間が、うつ状態の非正規労働者とは、送った方は思いもしていなかっただろう。（絶対にキャリア女性の団体だと勘違いされている）と思いながら参加したのだが、とにかく「人権」の話はほとんど出てこないことが印象的だった。「労働市場への参加、経済的自立、給与および年金、管理職種における、平等の達成からはいまだ程遠い」状況には、女性の「人権」の話、もっといえばセクシュアル・ハラスメントやパワー・ハラスメント等々の問題が絡んでいるはずなのに、そんな言葉はなく、成功した身なりの女性たちが自らの奮闘ぶりを語る時間に多くが費やされていたのだった。

そもそもダイバーシティという概念は米国から生まれたと言われているが、日本でこの言葉が社会的に使われだしたのはいつ頃かを調べてみると、日本経営者団体連盟（今の日本経済団体連合会）が「平成12年8月、企業・団体の若手人事・労務担当者等三十名で構成するダイバーシティ・ワーク・ルール研究会が発足して以来、ダイバーシティについての研究を行」ったとある（注4）。

日本社会においてはダイバーシティと言ったところで、絶対にそこには含まれない人が一定数いるのはなぜなのかと以前から思っていたが、これを読んで納得した。あくまで企業に貢献できる人材としての多様性であって、家庭や学校、あるいは地域や国家における多様性という話ではないのである。

たびたび（悪い事例として）この本で登場する渋谷区はダイバーシティを区政に掲げる自治体で、パートナーシップ証明を交付するといったことはいち早く実践したが（注5）、「再開発」を理由にホームレス状態の人に対しては予告なく公園から排除する。これはダイバーシティ、すなわち多様性を認めていないじゃないかと思っていたが、日本の文脈におけるダイバーシティとはあくまで企業における人材のダイバーシティでしかないのだから、渋谷区はそれを追従しているにすぎない。だからこそ「再開発」もとい「ジエントリフィケーション」（注6）は、ダイバーシティ政策となんら矛盾しないということになるのだろう。セクシュアル・マイノリティでホームレス状態の人もこの社会には存在するのだが、そういう発想が皆無の理由もこれでわかる。

厚生労働省の通達に話を戻すと、「育児や介護で働いていない」とサラッと書いているところにも注目したい。育児や介護をしてきた人ならわかるだろうが、育児や介護は睡眠時間を削られ、一瞬も相手から目を離せず、ただ休んでいるわけではない。出産休暇、育児休暇、介護休暇という言葉を作ったのが誰だか知らないが、出産や育児、そして介護を「休暇」として考えるのは、賃労働のみを仕事と捉え、出産や育児、そして介護をほとんど経験していない人間の発想ではないかと勘繰ってしまう。こんな言葉一つをとっても、あくまで働いている人間における「多様性（ダイバーシティ）」でしかなく、しかもダイバーシティを「確保」する主体はあくまで企業や組織なのだな、と改めて感じる。企業が主体となってダイバーシティを「確保」する。そんな中でのダイバーシティとは一体なんなのだろう？

そう思って女性活躍推進法の第一条（目的）を改めて読む。この法律の目的は第一条のラストに集約される。

「女性の職業生活における活躍を迅速かつ重点的に推進し、もって男女の人権が尊重され、かつ、急速な少子高齢化の進展、国民の需要の多様化その他の社会経済情勢の変化に対応できる豊かで活力ある社会を実現することを目的とする。」

つまり、「男女の人権が尊重され」ることは第一の優先事項ではない。需要の多様化その他の女性活躍推進法の意図と背景は「急速な少子高齢化の進展と国民の多様な需要と社会の経済情勢の変化に対応」するという言葉で表されているのだ（注7）。だが女性活躍推進法が施行されて七年以上経ってもいまだに非正規労働者の割合や管理職の割合、女性が育児で仕事を辞めざるを得ない状況はたいして変わらない。新型コロナウイルス感染症の拡大によって女性がいかに不安定な労働をしてきたかが露呈したことを決して忘れたくない。

ちなみに私自身はこの「女性活躍推進法」ができて何か変わったかといえば全くといっていいほど変わらない。「働けない」「働かない」私は対象外だからと言えばそれまでだが、私の周囲の働いている女性からも「女性活躍推進法」ができて良い変化があったという声を聞いたことはない。私はかつて複数の大学でアルバイトをしていたが、女性研究者の比率を増やそうという話はあっても、事務方の臨時職員は圧倒的に女性が多い状況については何も触れられない。そして臨時職員は細切れの有期雇用契約であることも、女性活躍推進法成立以前と以降では何一つ変わらない。女性活躍推進法よりもむしろ、厚生年金の適用基準が変わる方が私にとっては影響が大きい。厚生年金に加入できる労働時間の要件が「週三十時間以上」から「週二十時間以上」に拡大されたことから、週二十時間よりも少ない時間で働かせようとする職場も出てきているからだ。大学の学生や教官の間ではダイバーシティが謳われても、事務方の臨時職員にとってダイバーシティは頭上を通り過ぎてゆく。それと比較するのも何だが、この本で「インボイス制度」について取り上げたが、某大手出版社からの「適格請求書（インボイス）発行事業者登録番号ご提供のお願い」という書面が早速うちに届いた。税金の取り立てに関しては政府も企業も実に仕事が迅速である。

執筆にあたり担当の編集者さんが、二つの会社を経営する弁理士（知的財産に関する専門家）の女性のインタビュー記事を教えてくれた。その女性は、中小企業では若い女性を正社員で雇っても結局子育てなどで辞めてしまうから、女性を一生懸命育てても無駄になってしまうと言う。それでは自分のところのような中小企業では立ち行かない。女性活躍推進は大企業が中心の発想だ。自分のところではとても無理なので女性を雇わない、と語っているのだ。

その企業経営者でもある弁理士は、「批判覚悟ですが、私は、寿退社や産休や育休をされると困るので、若い女性は正社員として雇用してません」「本音は雇ってあげたいし心苦しいのだけど、うちのような弱小企業では雇う余力がありません」「こういうところに政府の助成金を出してほしいと思う」とSNSに投稿したことで反響を呼んだ。記事では、取材に対して「女性の社会進出を応援したいと思い、20代30代の女性を雇ったことがありました。しかし、それまで一生懸命、その子に仕事を教えて育ててきたのに、結婚を機に退職されてしまったり、産休と育休を取得した後に退職された経験があります」「産休や育休などの制度は、大企業が前提となっている制度で、中小企業には即してないと思います。（中略）中小企業でまともに女性に産休や育休を取らせたら、そのせいで会社の経営が傾く可能性もあると思います」と発言した（注8）。

もちろん、大企業に比べて中小企業に余裕がないことは事実だろう。しかし「若い女性は正社員として雇わない」という解決策では、「なぜ女性は妊娠・出産で辞めざるを得ないのか」という社会構造の話まで踏み込んだ議論にならない。一介の個人にそこまで期待することは難しいのかもしれないが、経営者側からこうした発言がなされることで、たとえ職場に問題があって女性が退職せざるを得ない場合も、ますます「個人の問題」としてしか捉えられなくなってしまうのでは……と思いつつ、その弁理士の書き込みを確認した。

……見なければよかった。まずそう思った。

そのタイムラインには生活保護受給者や公営住宅の住民、さらには特定の地域に対する差別や偏見に満ちた言説が並んでいたからだ。

女性が企業的な価値観において活躍推進がされても、それで人権の問題は解決されない、というわかりやすい事例そのものだった。私個人の立場から、この人物には直接SNS上で抗議をしたので、ここでは繰り返さない。ただ、経済が活性化し、お金が発生する働き方を女性が今よりも頑張ったところで別にこの世界が女性に対して優しくなるわけでもなければ、住みやすくなるわけでもない。

考えてみれば第二次世界大戦中、男性が兵隊として駆り出された時は、女性は社会のいろいろな仕事や役割を担った。でもそれはあくまでその当時の社会（帝国としての日本！）を維持するためで、女性は「活躍」していたかもしれないが、基本的人権が尊重されていたわけではない。

戦時中の女性たちの「活躍」のあり方は、防衛費予算が五年間で四十三兆円と閣議決定され、戦争のせいでさまざまな物価が上がっていく今の時代において非常に生々しい。とにかくまずは生きていく権利がある、殺されない権利がある、企業のために、国家のために活躍を推進される社会なんて私は望んでいない。働いていてもいなくても、だらだらとでも生きていく権利を、殺されない権利を望み、主張したい。

（注１）HAPPY WOMAN ONLINE「インタビュー」　https://happywoman.online/category/academy/interview/

（注２）株式会社 ハッピーカンパニー　https://happy.jp.net

（注３）厚生労働省「女性の職業生活における活躍の推進に関する法律の施行について」平成二十七年十月二十八日付 https://www.mhlw.go.jp/content/11900000/000962286.pdf

（注４）文部科学省ホームページ　資料２「日経連ダイバーシティ・ワーク・ルール研究会」報告書の概要　原点回帰　——ダイバーシティ・マネジメントの方向性——　https://www.mext.go.jp/b_menu/shingi/chousa/shougai/008/toushin/030301/02.htm

（注５）渋谷区公式ホームページ「渋谷区パートナーシップ証明」　https://www.city.shibuya.tokyo.jp/kusei/shisaku/lgbt/partnership.html

（注６）ジェントリフィケーション（gentrification）とは社会学者のルース・グラスがつくった言葉で、貧しい人たちが住んでいた場所が、社会階層の高い人たちが移り住む、あるいは使用する場所へと変えられていくことを指す。日本語では「都市の富裕化現象」などと呼ばれたりするが、そのプロセスで貧しい人（ホームレスの人々など）の排除を伴うことが非常に多く、社会問題となっている。

（注７）女性活躍推進法は第一条に「男女共同参画社会基本法（平成十一年法律第七十八号）の基本理念にのっとり」と記載されている。男女共同参画社会基本法の基本理念を確認すると「少子高齢化の進展、国内経済活動の成熟化等我が国の社会経済情勢の急速な変化に対応していく上で、男女が、互いにその人権を尊重しつつ責任も分かち合い、性別にかかわりなく、その個性と能力を十分に発揮することができる男女共同参画社会の実現は、緊要な課題となっている。」（傍点は引用者による）と書かれており、女性活躍推進法と実はあまり変わらぬ発想に驚く。

（注８）「『若い女性は正社員として雇用してません』　女性社長が炎上覚悟の投稿　中小企業の切実事情」ENCOUNT 二〇二三年二月九日記事　https://encount.press/archives/416381/

世界は無償労働で回っている
――有償労働と無償労働の違いって？

「いわゆるエッセンシャルワークは全ての人にとって必要な仕事であるからこそ、人件費が安くなると私は思うのですが、栗田先生はどのようにお考えになりますか？」

五十路を目の前にした私などより、よほど落ち着いた物腰の学生から質問を受けた。大学講師をしている知人から女性の労働問題について語ってほしいという依頼があり、ある大学でゲスト講師をしたときのことである。

私の授業なので、女性の労働問題といってもキャリアアップとか仕事と家事の両立といったワークライフバランスの話になるわけがない。女性が多い職種がおしなべて低賃金であること。コロナ禍では社会維持に必要という公衆衛生的観点から「エッセンシャルワーク」と呼ばれるようにもなった医療の仕事は、激務ゆえの圧倒的な人手不足なこと。（私が高校時代に病院で看護助手の仕事をしていた時代からとりわけ看護師は人手不足なのだが）また衛生商品や食料を販売するドラッグストアやスーパーマーケットなどのスタッフ、介護、保育などの仕事も生活には不可欠であることが浮き彫りになったこと。それなのに、激務＋低賃金でかつ非正規労働が多いことも語った。

「生きる上で絶対に必要な仕事に対して〝誰にでもできる〟などとみなされ、低賃金で働かされているのは解せない。そもそも誰にでもできる仕事などないし、ましてや世の中で不可欠な仕事の価値を低く見積もる社会はおかしい。これらの仕事について時給千五百円を目指すという運動があるが、たとえ達成されたとしても、年収で換算すればわかるように、決して高収入になるわけではない。いわゆる男性並みの働き方を目指す前に、このような労働のありようこそ問うべきだ」と伝えたことに対して、冒頭の質問が私に向けられたのである。

「先生」という慣れない呼称に若干の居心地の悪さを覚えつつ、「一九六八年にニューヨークで起こったゴミ回収業者によるストライキに対して、当局はスト十日目に音を上げ、労働者側は待遇改善を勝ち取った」（注1）という話を引用し、

「もちろん、ただ黙っているだけでは、残念ながらエッセンシャルワーカーの賃金が良くなることはないでしょう。しかしカリフォルニア州でも、最低賃金十五ドルを求める運動を二十年近くかけて実現させました。さまざまな抵抗や交渉を試み、続けることで未来を変えることはできるはずです」

と回答をした。

とはいえ、私にとってこの学生からの質問は考えさせられるものだった。というのも人件費削減を「万人が必要としているサービス」という理由で正当化できるという考え方ほど、資本主義の観点や価値観を端的に表したものはないと思えたからだ。学生は、資本主義の本質を私よりもよくわかっているなあとしばし感慨に耽った。

人が必要なサービスの価格を安くするために、それこそ文句を言わない大地や水などの自然をどんどん利用しまくっていいという価値観や、そのサービスにかかわる人件費を削ってよいという発想や価値観はどこから生まれてきたのか。そしてどうしてここまで社会の奥底に浸透しているのかと、賃金をめぐる問いは私の中から芋づる式に引き出されていく。

さらに恐ろしいのは、人件費を削り賃金が安くなることで、「安い賃金の仕事だから、誰にでもできる仕事だ」と原因と結果を逆さまに多くの人が認識している可能性さえあるということだ。

ジェンダーの問題に絡めて言えば、日本社会が女性に求めてきた（それこそ東京オリンピック・パラリンピック大会組織委員会会長だった森喜朗が発言したような）「わきまえた」感覚を持った女性が、自分の行ってきたことを「たいしたことじゃない」と思う／思わされてきた可能性もある。

病弱で偏食が激しく、じっと座っていることが苦手だったという自分の子ども時代の話を母親から聞いたときに、「正直、子育てって誰でもできるとは思えない。自分みたいな子どもを私が育てられるとは思えないし」と伝えたところ、「でも、お母さんになっている人はいっぱいいいるじゃない。難しくないわよ」と言われて、複雑な気持ちになったことがある。私は今日に至るまで子どもはいないのだが、自分に子育ては難しいと思ったこともその理由の一つではある。

日本社会でいわゆる「誰でもできる仕事」と「専門的な仕事」の境界を決めるのは学歴や資格だ。逆にいえば体力や気力、人とのやりとりの力……今流行りの言葉で言うところのコミュニケーションスキルは、「誰もが当たり前に持っているもの」とみなされ軽視されてきた。

コミュニケーションスキルと言ってしまうと、営業などでものをうまく売るためとか、コンペでのプレゼンテーションをうまくやるといった能力を想定しがちだ。だがここで私が言いたいのは営業やプレゼンの能力の話ではなく、人をいじめたり見下したりしない、目下のものに威張らない、もちろんハラスメントなどしない人間関係を築く力のことなのだが、これらは全く評価の対象とされてこなかった。

評価されないどころか、「競争主義」という価値観のもと、「いじめやハラスメントを受けるような弱いものは淘汰されるべき」と考えられてきたのではないか。そうでなければ、ここまで職場の中、日本の社会の中でハラスメントが横行している理由が、私にはわからない。

二〇二三年四月六日に、東京地裁で早稲田大学におけるセクシュアル・ハラスメント被害をめぐる民事訴訟の判決が言い渡された。この訴訟の原告（ハラスメント被害を受けて訴訟した側）である詩人の深沢レナさんは記者会見の場において、「個人が教員、ましてや大学という組織と戦うとなると、その情報量や経済力に圧倒的な差が生まれます。関係者のヒアリング内容、入試の合格決定のプロセス、個人情報……大学はあらゆる情報を保持している一方で、1個人にすぎない被害者は、大学に対抗するべく、それらの情報を必死にかき集めなくてはなりません。自分で一人一人に頭を下げて周り、文献を調べ、専門家に意見書を依頼し、弁護士費用も個人で負担することになります。書類作成をすることもありますが、もちろん無給です。」（傍点は引用者）と語った（注2）。

　セクシュアル・ハラスメントを行った被告の渡部直己元教授は講義中もセクハラをしていたし、裁判では認められなかったが、そもそも入学選考の段階から深沢さんにハラスメントを行っていたという。そして渡部直己元教授のみならずハラスメントを矮小化した大学側の調査や、二次加害を行った他の教授たちにも、考えてみれば仕事として賃金が発生している。

　無償労働とかアンペイドワークの問題でさらに考えたいのは、「誰かのために行う（非支援者的行動）」なら「労働」としてみなされやすいのに対し、「わたし、あるいはわたしたちのために行う（非当事者的行動）」こととなると労働とはみなされない現実についてだ（注3）。

　原告側弁護士は、判決について「ハラスメントによる人権侵害の事実を埋もれさせず公にし、その大学の責任を問うことができた。深沢さんは『黙っていることで次の被害を生む』ことがないようにと願って裁判を起こしたわけだが、その役割は何とか果たすことができた」とまず報告があった。一部ではあるが大学側の責任や二次加害を認めたことで、今後のハラスメント裁判にも影響を与えるはずだ。この後に続く人たちにとって、この裁判は意義深いものとなったことだろう。つまり「誰かのため」になっていく裁判のはずなのに、その訴訟を起こす準備や労力に対しては無償である。教授となればハラスメントを行いながらも労働としてお金をもらえるが、多くの人の未来に力を与えうる訴訟を起こした立場は無償。あまりに不均衡だと思うのは私だけだろうか。

今までさまざまな労働や社会運動や学校などにおけるハラスメントの話を聞いてきたが、ふと「仕事をしている中でハラスメントを行うということは、労働の対価であるはずの賃金が、結果的にはハラスメントにも支払われている状態になる」と閃き、愕然としたことがある。

ハラスメントで心身を壊した人、会社を追われた人、自死した人はおそらく数えられないほどいるはずだ。その損失は計り知れず、加害者は今なお平然と社会生活を送っていたりすることに怒りは覚えていた。被害者の多くは職場を追われ、病気になってお金がかかることもあるのに、多くのハラッサーはハラスメントをしながらしっかり収入も確保している……と知ったときあまりの理不尽に膝から崩れ落ちそうになった。

そういえば私の知人はあるNPOの相談員として、相談者の病院探しをサポートしていた。のちに知人自身がうつになって病院を探す必要があった際、心身の調子が悪いこともあってかなり苦労したらしいが「自分のこととなるとお金は出ないんだよなあ」と話してくれたこともある。

早稲田大学のセクシュアル・ハラスメント裁判の件について今ここで書いている私だって、「自分ではない誰かのことを書く」ことで原稿料というお金を得るわけで、この有償／無償、あるいは支援者／当事者の歪んだ仕組みに無関係ではない。私自身にもブーメランは突き刺さっている。

そんなブーメランを抱えながらも、考えてみればこの社会を動かしてきたものは、たいてい無給が出発点であることに思いを馳せる。

二〇二一年十二月、NHKのBS1スペシャル「河瀬直美が見つめた東京五輪」というオリンピック公式記録映画を監督する河瀬直美を密着取材する番組が放送された。その中でインタビューに応じた男性に対して「五輪反対デモに参加しているという男性」、「実はお金をもらって動員されていると打ち明けた」との字幕がつけられたが、その後の調査で男性が反対デモに参加していた事実を確認できていないことが判明するという事件があった（注4）。こんな不適切な字幕が平然とつけられた背景には、無償で社会のために動く人がいることを、今の世の中では信じられない人が多くなっているからではなかろうか。二〇二〇年には愛知県知事・大村秀章氏のリコール（解職請求）署名に大量のアルバイトが動員されていたという報道もされていたが（注5）、権力的な思考の人こそこういう偽造を行っているのである。信じられないからこそ、無償で行われる行動をバカにするだけではなく、存在しないとさえ言いふらすのだ。

愛知県知事のリコール署名偽造は右翼的な思想の人間が黒幕ではないかと推測するが、左派も他人事ではない。早稲田大学のセクシュアル・ハラスメントの加害者の渡部直己や二次加害を行った教授、さらに沈黙というかたちでハラスメントに声を上げなかった関係者はリベラル、あるいはフェミニズムに造詣が深いと思われる人たちだった。ハラスメントをしてもお金が得られるという立場は、逆にいえば、意識的であれ無意識的であれ、自分の立場を危うくする振る舞いはしないといった保身につながりやすいだろう。また、自分の社会的な立場が危うくならない程度に他の運動や社会問題にコミットすることで、名誉も得やすいというメリットもある。

アメリカの文化人類学者のデヴィッド・グレーバーのつくった「ブルシット・ジョブ」（注6）という言葉がある。お金を儲けることはできるが社会的な意味を見出せない仕事を指すのだそうだ。社会的に意味はあるが、低賃金で不安定な「シット・ジョブ」（エッセンシャルワークが置かれている立場）と対比して「ブルシット・ジョブ」は語られる。それならば社会的には名声を得られて、ハラスメントをしながらもお金が得られる仕事についても何か命名した方がいいのではないだろうか。

考えてみれば、医療や教育など本当の意味で人々の命を支える社会福祉にではなく、「軍隊」や「戦争」の方に莫大なお金を回すという矛盾。その「軍隊」や「戦争」のイメージが労働とも結びついているように思えてならない。日本軍には理不尽ないじめやビンタが横行しており、かつて「従軍慰安婦」と呼ばれた戦時性暴力被害者が後を絶たなかったわけだが、日本の労働事情はいまだに日本軍的な価値観に近いのではないか（上層部が男性ばかりというのも象徴的だ）。「わたし」や「わたしたち」で動く抵抗や行動に対してお金が支払われる仕組みを作るのは難しいし、今の社会に流布する「お金をもらったなら言うことを聞け」という価値観のもとでは今度はスポンサーに縛られ自由な行動ができなくなる恐れもある。それならば少なくとも「金を稼げない／稼がないこと」を見下し、「金を稼げない／稼がない存在」を社会から抹殺しようとすることをまずはやめてくれ。某政治家が語る「生産性」やＧＤＰで測りきれないが、この社会を支える労働はいくらでもあるのだ。

（注1）一九六八年二月二日からニューヨークで行われたゴミ回収業者のストライキは九日間に及び、「私たちはゴミを扱っているが、私たちはゴミではない」という主張のもと、さまざまな妨害を受けながらも待遇改善を勝ち取った。その後ゴミ回収業者のストライキはメンフィスではアフリカ系の人々を中心に、さらにボルチモア、ワシントンD.C.、アトランタやマイアミなどにも広がった。

MUNDO OBRERO WORKERS WORLD *"Sanitation workers' strike 1968 — solidarity and resistance"*（一九六八年のゴミ収集作業員のストライキ――連帯と抵抗） https://www.workers.org/2018/02/35662/（英語サイト）

（注2）裁判の内容や深沢レナさんの発言は「大学のハラスメントを看過しない会」によるウェブサイトから引用したものである。

参照：「第一審・東京地裁判決　記者会見の報告」 http://dontoverlookharassment.tokyo/2023/04/09/20230406/

この会は、二〇二〇年夏より活動している「早稲田大学文学学術院元教授の文芸批評家からハラスメント被害に遭った原告A／深沢レナ、その支援者たちからなる団体」であり、私自身は深沢レナさんからインタビューを2022年夏に受けたことをきっかけに、裁判の傍聴をするようになった。インタビュー内容も同ウェブサイトに掲載されている。 http://dontoverlookharassment.tokyo/2023/02/08/kurita1/

（注3）アンペイド（不払い）であるか、もしくはNPOなどの福祉的な労働を「半ペイドワーク」（半分の賃金≒低賃金）と語る学者もいる。

参照：シンポジウム　上野千鶴子『活動と労働のあいだ――半ペイドワークをめぐって』「共生社会研究」no.4、二〇〇九年、大阪市立大学共生社会研究会発行

（注4）「河瀬直美が見つめた東京五輪」の字幕問題について、NHKは誤りを認め番組を制作した大阪放送局のディレクターとチーフプロデューサーを停職一ヶ月とするなど、計六人を懲戒処分にした。しかし、デモを行ってきた人々に対して金で動員しているかのような印象操作を行ったことに対する謝罪はなされなかった。二〇二二年九月、BPO（放送倫理・番組向上機構）の放送倫理検証委員会からこの字幕問題に対して「重大な放送倫理違反があった」と公表。「結果として五輪反対デモやそれ以外のデモ全般もおとしめるような内容を伝えてしまった。あえて声を出している人の尊厳を傷つけることになってしまったことの重大さをNHKはかみしめてもらいたい」という指摘がなされた。

（注５）二〇一九年八月に開幕された「あいちトリエンナーレ２０１９」での企画展「表現の不自由展・その後」が戦時中の「慰安婦」を象徴する少女像をめぐって当時の名古屋市長の河村たかし氏が抗議の座り込みを展開し、「あいちトリエンナーレ２０１９」の負担金の一部を支払わないことを決定。負担金の一部を名古屋市が支払わないのは不当として、愛知県などでつくる芸術祭実行委員会は二〇二〇年五月に名古屋地裁に提訴した。提訴後、「高須クリニック」経営者の高須克弥院長が六月一日、大村秀章愛知県知事のリコール（解職請求）活動をすると発表。二日に自身を代表とする政治団体「愛知の未来をつくる会」（仮称）の設立を県選管に届け出て、リコールに必要な署名を集めるものの四十三万人分にとどまり、さらに二〇二一年二月には愛知県選挙管理委員会から、提出された約四十三万五千人分の署名の八十三・二％となる約三十六万二千人分が無効との調査結果が判明。その後中日新聞と西日本新聞の共同取材で、多数のアルバイトが佐賀市で愛知県民の名前などを署名簿に書き写していたことが発覚した。

参照：中日新聞「イチから知りたい～リコール署名偽造問題～」　https://www.chunichi.co.jp/article/214140

（注６）デヴィッド・グレーバー著、酒井隆史・芳賀達彦・森田和樹訳『ブルシット・ジョブ——クソどうでもいい仕事の理論』岩波書店、二〇二〇年

二章

「普通になりたい」という願望

〝怠ける〟というタブー――うつ病の人が闘う相手とは

二〇一六年にうつ病と診断されて、七年目に突入してしまった。最近病院をかえたのだが、今度はうつ症状の再発が多いため、発達障害あるいは双極性障害II型だからではないかと医者に言われた。

私としてはもはや病名など正直どうでもいい。

〝That which we call a rose by any other name would smell as sweet.〟（私たちが薔薇と呼んでいるものはどんな名前であっても香りは甘い／引用者訳）というシェイクスピアの『ロミオとジュリエット』の台詞ではないが、病名がなんであろうと的確な治療や対応、あるいはこちらのすべきことを理解したいし、治療に必要な気力が欲しい。

やる気が出ないとか、ものすごく疲れやすいとか、物忘れが多いとか、家事がまるでできないとか、眠りが浅くて寝た気がしないとか、早朝覚醒してしまうとか、ＰＭＳ（月経前症候群）がやたらキツくなるときがあるとか、そういう日常生活での困りごとがなくなってほしい。そして日々を一定程度滞りなく送ることができ、ひいては物書きの仕事を続けられることを願っているわけだが、このような悩みから脱却困難なのがうつ（的な何か）である。

「日々を一定程度滞りなく送ることができ、ひいては物書きの仕事を続けたい」と書いたが、注意して避けた言葉がある。それは「普通」という言葉だ。

私がついつい陥りがちな、いわばパターン化した罠のような願望は「普通になりたい」だ。というのもこの「普通」とは、やる気が起きるとか、元気になるとか、物忘れがなくなるとか、ひいては物書きの仕事ができる……ということと微妙に異なるのが自分でも実はなんとなくわかっているからだ。どうやらこの願望、「マジョリティの詰め合わせ」に少しでも近づきたいという情けなくも悲しい願望のようだ。フルタイムで働くことは無理でも、せめてパートタイムで働けるようにならないか……もはや我ながらいじらしいというか、なんとも言えない複雑な気持ちになる。マジョリティに近づけば私の生活もちょっとは安定し、どこか安心できる気がする。

しかしそこで感じる安心とはなんだろうか？　そして「マジョリティの詰め合わせ」に少しでも近づきたいという気持ちはどこからやってくるのか？　と突き詰めると究極、「怠けている」だの「ズルい」だの「性格に問題がある」といった罵倒や非難をされない状態と言えるのかもしれない。私の頭をかすめる安心とは誰からも文句を言われぬ生活、ということなのだろうか。

しかしこの「安心」には罠がある。そもそも私も（そのほか多くの人々も）「マジョリティの詰め合わせ」みたいな属性にそうそうなり得ない。何せ「マジョリティの詰め合わせ」とはシスヘテロ男性／健常者／在日日本（ヤマト）人／会社勤め／既婚者／子持ち……と無限にリストが続くが、これら全てに当てはまる人は、現代日本ではもはや少数だ。さらに重要なのはそのようなマジョリティの詰め合わせリストのライフスタイルに近づいたからといって、自分が「幸せ」と感じられるかどうかの保証は全くない。こういうことを考えるとき、私はいつも「プロクルーステースの寝台」というギリシャ神話を思い出す。

プロクルーステース（「引き伸ばす者」という意味）とは強盗の名前である。通りかかった人々に「泊まらせてやる」「休ませてやる」と声をかけ、宿屋に見せかけたアジトに連れていき旅人を寝台に寝かせる。もし相手の体が寝台からはみ出したら、その部分を切断してしまう。逆に、寝台の長さに足りなかったら、サイズが合うように体を引き伸ばすといった暴力を振るうのだ。プロクルーステースは遠くから相手の背丈を目測して、寝台を伸ばしたり縮めたりして、声をかける相手が寝台に合わないように調整したのだという。

この物語だけ読むと「なんじゃこれ」かもしれない。だが私たちは往々にして、「模範」「雛形」「平均」という概念に弱い。洋服は標準サイズが着られなければ問題があるような気がして体を縮こませたり、大きくしようとしてしまう。ライフスタイルや性格も自分の状態をあるがままに受け入れて工夫するよりも、サイズダウンを目指してダイエットしたり、あるいは低身長に悩む人はヒールのある靴を履いたりする。私にとって「普通」になるとは、このプロクルーステースの寝台に寝かせられた人の運命を辿るだけなのがわかっているのに、無理をしてでも周囲に合わせようとしてしまう。それこそが「怠けている」というバッシングから逃れられる方策だと、うつが悪くなると思ってしまうのだ。

それにしてもこの「怠けている」や「ズルい」という罵倒、あるいは「性格に問題がある」というバッシングがうつ病に対して常につきまとっている（ような気がする）のはなぜだろう。

思い返せば私の人生、うつに限らず要所要所で、こうした言葉が常につきまとってきた。それは高校生となった十代の頃に学校に行こうとすると気分が悪くて倒れ込みそうになる不登校（当時は登校拒否）（注1）をしていた頃までさかのぼる。

とにかく当時は、メディアや学者、教育関係者等々から「親に甘やかされたダメな子どもが登校拒否になる（大意）」と言われていた。あるいは子どもが学校に行かないのは母親に責任があるとする「母原病《ぼげんびょう》」なる言葉まであった。それゆえ学校に行かなくなった私は、もし自分がちゃんとした病名がつく病気であれば、同じように学校に行かない／行けない場合であっても「甘やかされたダメな子ども」と言われなくても済むだろうに、と悲しかった。あるいはわざとズル休みをするような計算ができる状態、自分で自分をコントロールできる状態ならまだマシだとも感じた。

実際、中学生の頃は親が共働きしていることをいいことに（！）こっそりズル休みをして、午後のテレビで放映される洋画を見ていた記憶がある。今思えばその頃こそ本気で「怠けている」わけだが、「ズル休みをしている」とか「性格に問題がある」という

（当時からすでに存在していた）世の中からの罵倒に対してはむしろ開き直っていた。おそらくそれはズル休みをしながら、でも適当にやり過ごして中学を卒業する「自分」というセルフイメージにそれなりの自己満足を得られていたからである。そのセルフイメージには優等生なのに時々ズル休みをして本を読み耽るという氷室冴子の小説『恋する女たち』（一九八一年、集英社）の登場人物に影響を受けた要素が多分にあったのかもしれない。

むしろそうした打算的なズル休みではなく、学校に行こうとするとわけもなく足が動かなくなる、気分が悪くなる……という事態に陥ったときこそ、「自分はこの社会において弱くてダメな存在、生きていくことを許されない存在なのだ」と、世間のバッシングが自分のど真ん中を射抜くような感覚があった。

その後の人生でも、パラサイトシングルやフリーター、あるいは生活保護の受給者や障害者手帳を取得する人間に対して、「怠けている」とか「ズルい」、「本人の性格の問題」というバッシングがメディアやインターネットで登場するのを目の当たりにしてきた。また私自身の話ではないが専業主婦バッシング（厚生年金の第3号被保険者バッシング）にもどこか共通点を覚え、これらの罵倒が個人の問題でないこともはっきりわかってきた。社会構造に問題があるのに、あくまで個人の選択、自己責任、能力の問題とされる。かつ「賃労働せずに生きている」存在であれば、バッシングはより激しくなる。しかし、そうした罵倒が、遺産や投資などで儲けられる階層（いわば「資本家」とよばれる非労働者層）に向けられることはまずない。

しかし（これは個人差があるかもしれないが）登校拒否時もそうだったが、うつ病のひどいときほど「怠けている」とか「ズルい」とか「本人の性格の問題」という言葉が私に刺さってしまう。文字通り心身が弱っているからこそ、世間のバッシングを弾き飛ばせないでその言葉がそのまま自分に向かってしまう。シモーヌ・ヴェイユという哲学者が「不幸があまり大きすぎると、人間は同情すらしてもらえない。嫌悪され、おそろしがられ、軽蔑される。」（注2）と上記バッシングを暗示するような言葉を残しているが、私にとってうつ病とは人からの嫌悪はもとより、自分に対する嫌悪や軽蔑を抱いてしまう病なのだ。

あらためてうつ病について調べると、「真面目な人がなる」、「完璧主義者がなる」と書かれていることが非常に多い。私が不登校（登校拒否）状態となった三十年以上前、最初に読んだうつ病についての本でも、このように書いてあった覚えがある。

でもこの書き方は二つの点でくせものだと思う。一つは病を個人の性格の問題に帰してしまう点だ。うつ病患者が百万人を突破しているとも言われる昨今、性格の側面だけ指摘しても何の解決にもならないのが現状である。そしてもう一つ、「真面目な人がなる」の場合、「あんなに真面目に働いていたから仕方ない」といった、いわば病気に対する「免責」が性格によって行われていく点も問題だ。というのも「新型うつ」と呼ばれる症状が昨今登場しているからだ。

これは従来型の「完璧主義」や「真面目」あるいは「自分を責める」といったタイプではなく、他人を責めるといった「他責型」であるといわれる。また仕事はできないが遊びはできる「自己優先型」ということで、「人のせいにしているくせに遊ぶことは平気でできる」と人々の不信を買うケースが目立つのだという。しかしこれは考えてみれば不思議な話で、本当に人のせいにして自分に責任はないと考えているなら落ち込まないで済むはずだが、実際には会社に行けず寝込んでしまうケースが多々ある。また同じことをしても年長者がやるなら「自己優先」とはみなされにくいが、若い人の場合、より批判されやすい。残念ながら性格の判断は、その属性にも大きく左右されるものでもある。「新型うつ」が話題になるのは症状そのものよりも、「人の怒りを買う」点にあるといっていい。それは「みんなが仕事をしているのに怠けている」といったものだ。うつを論じた専門書のなかには、「新型うつ」を単に個人の問題とはせずに、社会全体のあり方と結びつけて提言しているものもある(注3)。だが社会の変革を求める視点はメイントピックにはならず、「社会的な背景も原因」といった書き方にとどまってしまう。

それこそ私は不登校だったときに「ちゃんとした病気なら学校に行けなくなっても仕方がない」と自分は悪くないのだと免責を願った。それほどにバッシングが酷いからという理由で免責を願う気持ちを責めるつもりはないが、最も肝心な問いは、「仕事をしないでいる(とみなされる)人に対してなぜ人はかくも怒りを覚えるのか」という点である。そしてさらに気がかりなのは職場での「横領」「賄賂」「癒着」あるいは「ハラスメント」よりも、「怠けている」人に対する視線の方が非常に冷たい場合も多い。「怠けている」と「ズルい」は大抵コンビで、たとえばある人が「仕事をしていない」のに上司の覚えがめでたいがためにクビにならなくて「ズルい」のならば、焦点を当てるべきはその上司の態度である。

それこそハラスメントを受けた側の人間が、心身を追い詰められて仕事を辞めざるを得なくなるのに対して、他方で賃労働をしている際にハラスメントを行っている側は結果的にハラスメントをしていてさえも賃金が支払われる理不尽について前述した。仮に本当に怠けている人がいたとしても、それが見過ごされているならば会社のほうに問題があり、批判も管理者や使用者に向けられるべきだ。しかし社員が困っていても会社は問題を直視せずのらりくらりと対応を避け、社員同士の人間関係をギクシャクさせるパターンはとても多い。子育て中の社員のフォローを独身社員がさせられるといったエピソードはその典型だ。子どものケアをしている場合ですらフルタイムの社員から「怠けている」と言われてしまう場合もある。まして「新型うつ」のように「働けないけれど気晴らしの旅行はできる」といった社員の穴埋めを、「あなたは働けるから」と会社から一方的に押し付けられれば、職場の人間関係はギクシャクするに決まっている。経営層に訴えず、個々人で揉めるレベルにとどまって業務が回るなら、会社としてはこれほど都合のいい状態はない。そうやって問題を弱い立場のものになすりつけて何十年も生き延びている会社組織はごまんと存在することだろう。

考えてみれば不登校／登校拒否をしている人に対して「ズルい」だの「逃げている」だのとなじるのは奇妙な話だ。学習や教育はそれこそ学習する人が持っている「権利」であって「義務」ではない。義務教育というのは教育を保障する側の「義務」であり、教育を受けることは「権利」だ。何が「権利」で何が「義務」なのかという問題を本気で考えることが、「怠けている」という無意味な個人へのバッシングに対する真の処方薬となるのかもしれない。

最近わかったことで言えば、うつ病にも性差があり、男性に比べて女性は約二倍うつになりやすいという(注4)。そういえば「新型うつ」も女性が多いと言われるが、この性差はいわゆる「身体的」な違いのみで語れるとは思えない。歴史的にどのような属性にこうしたバッシングが多くぶつけられてきたかを考えるべきだ(注5)。

逆に人に対して「怠けている」とか「ズルい」とか言いたくなるときに、その責任が本当はどこにあるのか、そして責任を負うべき立場の人や組織にその責任をどう負わせるのかということをもっと多くの人が一緒に考えられるといい。それこそが問題を個人化、矮小化させない鍵だろう。「怠けている」という言葉の裏に「自分はこんなに嫌なことをしているのに!」という叫びがべったり張り付いている。しかしなんでそんな嫌なことをあなたがしないとならないのか? 怠けていると言いたくなるとき、むしろ問うべきはそんなふうに人をくさしたくなるほど嫌なことをしなければならない状況や環境だ。

「怠けている」とバッシングを受けたときに必要なのは、自分が怠けていい免罪の理由を探す前に、「なぜ怠けてはいけないのか？」と問い返すことなのだが、実際に調子が悪くなるとそのように考えることも難しくなる。そんな時代や社会において静かに横になっていることは、他人への、ひいては社会への地味な問いかけになっているかもしれない。そして何より怠けていようが寝ていようが病んでいようが、あなたが今存在していることを否定できる人は誰もいない。いてはならない。あなたが今はただ眠ることで生き延びているならば、それはなによりも大事な営みなのだ。賃労働とは真逆であっても。

（注1）一九九二年に「学校不適応対策調査研究協力者会議」が「登校拒否（不登校）問題について——児童生徒の『心の居場所』づくりを目指して——」（文部省初等中等教育局〈当時〉）という報告書を提出。「特定の子どもの性格傾向」やそういう子どもを育てた親の「養育責任」に原因を求めるのではなく、「登校拒否はどの子どもにも起こりうる」と発表した。この発表の時期から、「特定の子どもの性格傾向」に焦点を当てるように使われてきた「登校拒否」から学校に行っていない状態を示す「不登校」という言葉が多く使用されることとなった。

（注2）シモーヌ・ヴェイユ著、田辺保訳『重力と恩寵』ちくま学芸文庫、一九九五年（初出は一九七四年一月、講談社より刊行）

（注3）坂本真士編著『「新型うつ」とは何だったのか——新しい抑うつへの心理学アプローチ』遠見書房、二〇二二年

（注4）杉山暢宏・田名部はるか「うつ病の性差について」『信州医学雑誌』六十六巻三号、一八五〜一九三頁、二〇一八年
https://www.jstage.jst.go.jp/article/shinshumedj/66/3/66_185/_pdf

（注5）積極的なバッシングもさることながら「マイクロアグレッション」と呼ばれる「ある人が（例えば有色人種、女性、ＬＧＢＴの）集団に属していることを理由として、日常的な何気ないやりとりの一瞬の中で受ける抽象的なメッセージ」や「かすかな（言語的、非言語的、そして／または視覚的）侮辱」を受けることによって「怒りと失望を引き起こし、精神的活力を枯渇させる。また幸福感や、自分は価値ある存在だという感覚を低下させ、健康上の問題を引き起こ」すという研究発表もある（デラルド・ウィン・スー著、マイクロアグレッション研究会訳『日常生活に埋め込まれたマイクロアグレッション——人種、ジェンダー、性的指向：マイノリティに向けられる無意識の差別』明石書店、二〇二〇年）。

「お天気屋さん」として生きている

あまりに調子が悪く、この本の連載時に一度休載させてもらったことがある。編集の方々のご配慮と優しさに感謝しつつ「『働けない』をとことん考えてみた。」というテーマのもとで、身体も頭も動かず書けなく（働けなく）なり休むという、まさに有言実行の事態となってしまった。

資本主義や家父長制、あるいはジェンダー規範や能力主義に否定的な思想家や研究者が、実際は既存のシステムの中で特権的であったり、あるいはジェンダー規範からそれほど外れることもなく、能力もあるという場合も多い。それが悪いと言いたいわけではない。個人において思想と実践が完全に重なりあうなんてことは残念ながらそうそうあり得ない。だからこそ、さまざまな立場の人とともにいろいろなやり方で社会を変えるための運動が必要なのだ。

そもそも私だって有言不実行なことはたくさんある。それこそいま紙の健康保険証廃止で物議を醸しているマイナンバーカードに私は反対だが、確定申告の青色申告で最大六十五万円の控除を受けるために取得してしまっていた。しかもその後障害者になってしまい、自動的に基礎控除以外でも税額控除対象になったので、結局なんのために取得したのかわからない。直後に新型コロナパンデミックが起こり、給付金の振り込みは比較的早く済んだことは便利になったというより、運の問題だと思う。

ちなみに先日住民票の写しが必要になり「それならマイナンバーカードを使ってあげようじゃないか」とコンビニに行ったところ、私の住んでいる自治体によるメンテナンスのため、当面の間コンビニでは発行できないことが判明。便利にさえもなっていない！　といろんな意味でやはり問題のあるシロモノであることを実感したが、そんなものを持っている私が有言不実行をそれほど笑える立場にはない。

……と大幅に話がズレた。話を戻すが、この「働けない／働かない」という事態については折々愚直にも実践し続けてしまう自らのありようは、もはや与えられし恵みなのか。この手の有言実行はもはや努力とか意志の領域ではないと思うが、みなさまどう思われるだろうか。「資本主義を壊してやるぞーー！」と頑張っているタイプの人は往々にしてその頑張りにより本人の意図に反してそれなりに社会に溶け込めてしまう場合がある。一方、社会から外れようと頑張らなくてもあれよあれよとズレていくタイプの人は資本主義的価値観からするといわば「お荷物」というか、足を引っ張ることがままある気がする。資本主義社会とかある種の能力主義（あるいは根性主義）に面と向かって抵抗するのもアリだが、「お荷物」と呼ばれる存在になるのもまたアリだな、とは思う。

そして後者はそうそう努力ではなし得ないものではある。

「でも栗田さん、先月はいろんなイベントに呼ばれて話してたじゃん！」と世界で五人くらいは、私の二〇二三年六月の動向をチェックしてツッコミを入れてくれるかもしれない。しかしそのようなイベントは朝からスタートすることは少なく、イベント自体も二時間とかのごく短い時間であることが多い。さらに、先日私は夜から始まるイベントでさえ身体がだるくて、ようやく起きて会場に向かったら電車に乗り遅れ、そしてなぜか何回も来ている場所なのに迷子になりイベントの開始時間を二十分くらい遅らせた。トークイベントに遅刻したのはおそらく今回が初めてと思うが、うつがひどくなるとオンタイムを良しとする世界線についていけなくなるのだと痛感した。それゆえオンタイムで動かないと取り返しがつかないような仕事にはつけないいし、つきたくないとつくづく思った。

その後定期的に通っている医者に「今月はもう身体がつらくて、だるくてどうしようもないです」と話したところ、「もうみなさん、全滅ですね」とあっさり答えたのを聞く限り、やはりうつ病者の多くが梅雨の季節はつらいのだと思う。ちなみにうつ病だけじゃなく喘息なども湿度が高く低気圧になると発作が出やすくなるので要注意である。

実は私の誕生月は六月なのだが、うつに限らず大病をしてしまうのはこの時期だ。いまだに私の親がこの時期の私の調子を心配しているほどである。この時期、ようするに湿度が高くて雨ばかり降る季節がどうにもつらいのだ。誕生日祝いの企画をして親戚が来てくれたのに熱を出してしまったり、肝炎になって入院したり、十代の頃自殺未遂をしたのもこの時期である。うつ病や喘息の人に限らず、梅雨に強い人などそうそういないとは思う。正直言ってこのような季節をなんとか生き延びた自分を褒め称えたいくらいである。なんならこの時期につらい人たちはお互いを褒め称えあってもいいかもしれない。

じゃあ本格的に暑くなる七月や八月はどうなのかと言われれば冷房のきいた部屋に一

日中いるとやはり具合が悪くなる。とはいえ自分の体温より暑い時期にクーラーをつけなかったら今度は熱中症の危険があるので、非常に室温に気をつかう日々が続く。いわゆる「自律神経」と呼ばれるものがおかしくなりやすい性質なのだろう。でもこれまた私だけの話ではない。

それこそネットで「自律神経」「低気圧」「湿度」「頭痛」「だるさ」「耳鳴り」「むくみ」「冷え」といった言葉を検索すれば、それらの改善のための本や動画は至るところにある。ヨガやストレッチ、入浴のすすめ、筋肉をつけて代謝を上げる筋トレ、低気圧の到来とともに頭痛が起きる人のために気圧の変化を教えてくれるアプリ、東洋医学的な漢方や養生法などなど。湿度や気圧の変化に苦しむ人の存在や、それに対応しようとさまざまな工夫をしている姿が見て取れる。最近は「気象病」や「天気痛」（注1）という言葉も登場し、季節や天候によって体調を崩す人の存在は意識されている。しかしそれでもなお、自分は弱い人間なのだと、うつの症状がひどい時は自分だけが適応できていないように感じてしまう（まさにそれがうつの症状なのだが）。実際のところはさまざまな無理がでていて、働く時間を減らそうなどと言われているのに、（在宅ワークが普及されても）フルタイムで週五日働けるのが当たり前くらいの体力の持ち主、暑さ寒さなどに心身の影響を受けない人たちをいまだに労働者モデルに据えている社会だ。そのようなモデルがなお存在していることが労働のハードルを上げ、生産力とかいわれるものが頭打ちになる原因ではないかと思えてならない。少数精鋭が十割の力を出さなければダメな職場環境と、大勢の人が六、七割の力で関われる仕事環境とどちらが働きやすいかを考えてみればいい。杉田水脈という政治家がセクシュアル・マイノリティを差別するために生産性という言葉を引き合いに出してきたが、こと労働に関しては、生産性が理由なのかどうかさえ定かではないままに、体力のない人をふるい落とすようなキツイ労働条件を基準にするのをやめてほしい。そしてうつをはじめとした自律神経の乱れで苦しんでいる人への理解が社会で深まってほしい。うつとは違うが日々の調子が一定でなくなる話としては生理（月経）のつらさも想起される。確かに今も制度としては「生理休暇」はある。昔は生理休暇を取る人がもっと多かったと聞くが、今はおそらく生理休暇を取ったことがある人は（私含め）ほとんどいないだろう。昔の方が女性の労働者率は低かったのだが、生理休暇取得率は高かったことなどは一体どう考えればいいだろう（注2）。

季節や天候によって変わる心身を抱えている我が身。最近は聞かなくなったが、私が小さい頃はこういうタイプを若干バカにした「お天気屋さん」という言葉があった。しかし逆にいえば、天気に関係ない仕事というのは人間の労働の歴史の中では比較的新しいもののはずだ。

今だって建築の現場仕事では雨ではできない工程はあるだろう。また農業など植物を相手にする仕事も昔は季節や天候でやれることが大きく変わったはずだ。オンタイム、時間に正確なことが美徳とされたのも近代の工場労働が主流になってからと聞いたことがある。私が短い期間経験した工場の仕事では、機械を止めたら一斉に昼休みを取っていた。そして機械を動かすタイミングに合わせてみんなが定位置についていなければ、商品をつくることができない。時間通りに動く機械に身体を合わせられなければ、工場で働くことはできないのだ。二十一世紀の今ならばデータ情報の処理数に対応できる身体が必要というべきか。チャップリンの有名な映画作品『モダン・タイムス』じゃないが、人間が工場の機械を動かすのではなく、工場の機械が人間を動かす現実はそれほど変わっていないのではないか。変わったとすればチャップリンのように「おかしい」と感じる人が少なくなり、今となっては私も含め誰もが機械やインターネットやスマートフォンに振り回されていることが当たり前となってしまったことだろう。

しかしそんな事態になればやはりどこかに歪みは出るもので、チャップリンの映画でも主人公は精神的な不調をきたしている。そう、別にみんなうまく働けているわけではない。休んだり、苦しんだりしている周りを見れば明らかだ。だけど何かがその現実を隠蔽している。「働き方の多様性」といってもそれは労働における「周縁」のあり方が変わっただけで、労働そのもののモデルが変わったとは言えないことが、その理由の一つといえるだろう。どんなに働けなくて苦しい人があらわれても、時短労働の導入、あるいは起業がいいなどと言われても、それはあくまで周縁化された存在として認められるだけにすぎない。依然として労働者のあるべき姿は会社員や公務員といった第2号被保険者と呼ばれる人たち、かつフルタイムで仕事をする人たちだ。コロナ禍においてパートタイマーが首を切られ、自営業の廃業が激増する中で、このマジョリティの人々の雇用は守られていたのであった。

しかし繰り返しになるが、そんな人間が社会のあるべき姿となったのは決して大昔の話ではない。江戸時代（これを大昔ととらえるかどうかは人によって分かれるが）の人たちはそもそも腕時計などをして働いていたわけではなく、「『寺の鐘（梵鐘）』は、香盤時計やその他の和時計を用いて仏事や勤行のために寺院で鳴らしていた鐘で、最初一日に3

回鐘を撞いていました。（明け六つ・昼九つ（正午）・暮れ六つ）。」だったという（注3）。一日に3回しか鳴らない鐘が江戸の人たちの時間感覚であったとすれば、それは今のスマホや腕時計で一分一秒を常に確認できる事態とはすでに異なっている。その時間感覚は身体的な振る舞いにも影響があるだろう。

人間の時間感覚は時を刻む機械に左右され、その時間に合わせて身体がどう動くか／動かないかが、いまや「社会性」のあるなしを決定する。そして機械は天候や気圧に左右されないのだから、人間もそれらに左右されてはいけない。とはいえ、実は機械も暑すぎると壊れたりするのだが、その際は人間の方が機械に合わせて休む（ストップする）のだと、職場のパソコンが雷で電源が落ちて作業を停止した時に思ったものである。

その昔、「南の島のハメハメハ大王」（注4）という歌の「風が吹いたら遅刻して　雨が降ったらお休みで」といった歌詞に対してひどく羨ましく思った記憶がある。この歌詞の解釈としては南の国の人はみんな怠けているといった蔑視（もっといえば勤勉であることが最高の価値だと勝手に決めた上での蔑視）があることは予想でき、それはもう幾重にも人権無視・人権侵害といったレベルの話である。だが風が吹いたら遅刻して雨が降ったら休みながらもどうにか生きたり働けたり学べたりできないか。しかもそれが周縁的な立場というより、ど真ん中に存在しているものとして労働制度やシステムや価値観を組み直せないか。それは私の長年の悲願と言っていい。日本の労働における多様性とは、真ん中の基準は微塵も変わらず、安い賃金で不安定に働くあり方だけが「多様化」したように感じる。あるいは「生きづらさ」や「〇〇障害」という言葉はいっぱい生まれている。それらが全く意味をなさなかったとまでは言わないが、周縁にいる人を指す言葉が増えただけで、模範とされる身体のイメージはいまだに「健常者成人異性愛シス男性」である。私にとっての六月は自分の心身の「お天気屋」を意識し、葛藤し、そしてうっかり死にそうなほどダウンしながらも、もがきあるいは受け入れる月だ。そんなお天気屋じゃなく生きられるとはどういうことなのかを何者かに突きつけたい、そんな月でもある。読者のみなさんももし天候がつらくて身体が動けないときがあったらこの文章を思い出してもらったらありがたい。ちなみにここ数日は晴れているからこの文章が書けたのだと思っている。

(注1)二〇二一年四月五日に放送されたNHK『クローズアップ現代』では、天気や気圧の変化のせいで頭痛や吐き気などの症状で苦しむ人たちを追っている。
「体の不調　天気のせいかも!?　最新研究で分かる対処法」　https://www.nhk.or.jp/gendai/articles/4648/

(注2)「生理による体調不良時に取得できる『生理休暇』。働く女性は増えているにも関わらず、取得率は一九六三年の二十六・三%をピークに低下し続け、厚生労働省が実施した直近(二〇二〇年度)の調査では、わずか〇・九%にとどまっている。取得率は、労働人口が増えれば、それに伴って上昇するというわけではない。それにしても、百人に一人未満しか利用していないとは、いったいなぜだろう。」
「わずか0・9%とは…『生理休暇』なぜ取らない?　有休化、性別問わない新制度も登場#働くあなたへ」　時事通信社
https://www.jiji.com/jc/v8?id=202307seirikyuka-team

(注3)「セイコーミュージアム 銀座」ウェブサイト「江戸時代の暮らしと時間」　https://museum.seiko.co.jp/knowledge/relation_07/

(注4)伊藤アキラ作詞、森田公一作曲、一九七六年

いつまでも楽にならない労働の話

六月は気候や気圧の影響により仕事ができなかったということもあり、私の財布の事情は非常に厳しくなっていった。「働けない人間の身に起きたこと——年金制度に潜む差別」でも書いたように、私の状態はさして変わらないものの障害の等級が下がったために受給できる年金額が今までの半額となった。その後再申請して等級の変更を検討し直す旨を厚生労働省に訴えたが、その時に提出した医師の診断書に基づく内容では決定を覆すには至らないという理由で却下された。

制度上、その結果に対する異議申し立てをするのは可能だが、一度却下された判断を覆すことは難しく、それならばもう一度申請そのものを新たにした方がいいだろうという結論に達した。日本の精神病院には患者の身体拘束や、入院期間の長さなどの問題がいくらでもあるわけだけれど、この医師の診断書と年金制度の関係にも私は疑問を感じている。心身の調子は相変わらず（何度も言うが天気や気圧の影響を受けまくりながら）良くなったり悪くなったりしているにもかかわらず、障害の等級が下がったことがいまだに腑に落ちない。

私の経済状態も当然じわじわと逼迫していき、とうとう先月は貯金を含む全財産が四千円しかない時があった。その翌日には知人が回してくれた仕事のアルバイト代が振り込まれたのでなんとかサバイブできたものの、地に足がつかない生活を送ること数十年の私もさすがにどうしたものかと考えた。

貧乏自慢みたいな話になってしまったが、「生活保護ではダメなの？」と思う方もおられるだろう。だが、今の私は生活保護の受給条件となる世帯収入を微妙に上回っている。とはいえフリーランスとは「真に安定していないもの」という二つ名をつけてあげたいほどに、少なくとも私の場合はお金の余裕がある時期がずーっと続くわけでもなく、枯渇する状況がずーっと続くわけでもない。おかげで金銭感覚が変なことになってしまった。

派遣なり非正規社員として勤めている場合は、低収入であっても「月々に定期的に収入がある」ということを念頭に置いて生活を組み立てることができる。けれども原稿料や講演料などのお金はいつ入ってくるのかわからない。「毎月、○○日には必ずお金が入る」ということはフリーランスではあり得ない。私はまだ障害年金が定期的に入るだけマシ（障害年金がマシというのも微妙ではある）だが、それでもフリーランスの仕事が中心になってからは、お金は「働いたら定期的に入ってくるもの」から「（仕事をし終えて）忘れた頃に突然降ってくるもの」という感覚になってしまった。そんな中でお金を支払いたい時に手元にないといった失敗をするなど金銭管理の難しさを感じている。しかし新自由主義の世界では「金融リテラシー」という能力が奨励されている。家計のやりくりがうまくいかない、貧しいということは金融リテラシーが足りない個人的な能力の問題として認識され、またまた社会的な背景や構造はスルーされるのだ。

このような経験をして、昔の文学者とか芸術家が不摂生に走ったり、精神的に不安定になったり、病を得てしまう理由がわかる気がした。後世の人はその事実を「天才の悲劇」とか「芸術的な人は凡人とは感性が違うから」という言葉で解釈してしまいがちだ。精神が不安定だからこそ安定した生活ができないのか、安定した生活ができないからこそ精神が不安定になってしまうのかは鶏と卵のような関係でどちらが先かはわからないけれど、この負のスパイラルに巻き込まれる文学者とか芸術家は多く存在したに違いない。私の場合、フルタイムの労働者として働くことは厳しいが、かといって不安定な収入に対応できる金銭管理能力に長けているかというと心許なく、あわあわと動揺しながら何とか今を生きているのである。

さらにフリーランスは労働法からはじかれるのみならず、福祉制度の中でもイレギュラーな扱いになっている。フリーランスや自営業者（第1号被保険者）は基本的に国民年金に加入することになるが、会社に雇用されている人（第2号被保険者）が加入する厚生年金に比べると負担が大きく、毎月の保険料を支払えない人も多いはずだ（ちなみに保険料が支払えない場合は免除申請をお勧めしたい。保険料を支払わず、免除申請をしていないと障害年金制度を利用できない場合もあるからだ）。生活保護も無収入、あるいは低収入の状態が継続されることが念頭にあると思われる。収入がほとんどない月があるかと思えば、まとまって入る月もある状態で生活保護を受けると、生活保護の受給のタイミングによっては、本来の額よりも多くもらってしまうこともあり「過払金」が発生する。実は私は現在その「過払金」を返還する義務を負ってもいる。

……前置きが長くなってしまった。この本で「働けない」自分の状況や、働けない、あるいは働いているとみなされない営みについて取り上げてきたが、不労所得など望み得ない身としてアルバイトを探すしかないという結論に至ったのである。

とはいえ絶対フルタイムは無理だ。そうして探したアルバイトの一つは、某幼稚園の庭の掃除のお仕事である。こちらは週三日朝の二時間だけ、そのうえ自宅から徒歩で通勤可能。しかも基本一人で行う仕事で、これなら何とか続けられそうだと思って決めた。

しかしこのアルバイトだけだとまだまだ金欠状態から脱することができないため、先月一ヶ月間だけ週三日朝九時から五時までのデータ入力の仕事を入れた。さらに知人から単発のアルバイトを回してもらいもした。

「働けない」と言いながら、金欠状態を脱するために物書き、掃除のバイト、データ入力のバイト、友人が回してくれた単発の仕事と、ダブルワークどころかクワドルプル（quadruple：四倍の意味）ワークになってしまっていた。極端なことになったが、それでも何とかこなさなければお金がない。早寝早起き生活になったものの、だからといって私の「働けなさ」がそうそう変わることはなかった。というのも二〇二三年七月の終わりの週に、なんと今さらながらの新型コロナにかかってしまい、結局五日間家で静養する羽目になったのである。幸い、半月ほど経った今では特に後遺症もなく、普段の生活に戻っているが、改めて私はフルタイムで働くような体力がないことを実感した次第である。しかし働いて定期的に収入があるのは気持ちの安定につながる部分もある。そうなるとやっぱり生存権として求めるべきは安定した生活、生活費の補償である。竹中平蔵の言うような他の福祉を切り捨てた上でのベーシックインカムではなく、福利厚生のレベルを下げることなく、また労働者の賃金を下げる理由などに使われることもないベーシックインカムの導入の必要性を改めて感じるのだ。

ともあれ、二〇二三年七月はかつてなく私が働いていた時期なのだが、久しぶりに派遣社員としてデータ入力の仕事をしていくつか驚いたことがある。まず、なぜこれほど仕事が機械化とかＩＴ化されていても、人間の仕事は減らないのかという驚きである。

今回の派遣の仕事は非常にシステム化されており、これまで経験した仕事と比べても、私が行わなければならない入力作業そのものはごくわずかだった。だが、それで仕事が簡単になったかといえばとんでもない。ＱＲコードやバーコードを機械を使用して読みとっても、本当に必要な情報がシステムに登録されているかどうかのチェックは人間が手作業でやらなければいけない。さらに細かい話になるが、封筒を切る作業は機械でやることはできても、その封筒をちゃんとカットできるように機械にセットするのは人間だ。そして封筒から中身を出して必要な書類がきちんと揃っているかどうかをチェックするのもまた人間である。それこそＡＩが責任を取ることはできないのだから、結局「チェック」や「ジャッジ」という作業はどこまでも人間がやらざるを得ないのではないだろうか。

こんなことを書くと、今ＡＩの導入で仕事が失われそうという話が出ているのではないか、と考える人もいるだろう。もちろん、機械の導入や業態の変容などでなくなった仕事は過去を通していくらでもある。

たとえば、私の小さい頃はギリギリ納豆売りや豆腐売りをしている人たちがいた。「納豆売り」といっても今の若い人たちはピンとこないだろうが、スーパーの台頭によりこれらの仕事は消えていった。あるいは、児童文学者の新美南吉の作品に「おじいさんのランプ」という童話がある。明治期にランプが使われていた時代から電気を使用する時代へと移行する際に、ランプ屋の仕事がなくなっていくことを描いた話だが、確かに時代によってなくなる仕事はある。しかし、納豆や豆腐を食べたい人はいるし、人が明かりを求めるのは変わらないのでそれらを提供する仕事が減りはしない。だが問題はその作業の工程で必要とされる能力や技術だ。それこそ表計算ソフトやワープロソフトのない時代は、物差しを使って表を書いたりしたし、数字も手書きで書いていたし、文章もおおよそ手書きだった。私の親世代は電卓のない時代で銀行でも「そろばん」で計算をしていた。第二次世界大戦前とかではなく戦後二十年は経ったくらいの頃である。

それでも物差しで表を書いていた頃に比べれば時間もかからず手間もかからなくなったが、表を作ったり計算したりすることが求められることは変わらない。ただ「事務」として求められる技術は変わった。「うまく物差しを使って表を作ることができる技術」は不要となり、代わりにパソコンを操る技術が必要となった。しかし中身の真偽を判断できるのは人間しかいない。

だから脚本などを作るにあたって一番面白く、かつ重要なプロットを考えたり、展開を考えるといったアイデアを出す作業はＡＩがやり、その表現が妥当かどうか、数字などの間違いがないかなどのチェックを人間が行うといった主客転倒の時代にますます発展するのではないかと不安である。ＡＩによって、さっさと一つの文章なり物語ができてしまうのであれば、ＡＩに求められる原稿の量も増えてくる可能性がある。そのような大量の文章が差別的な表現を発するといった「事故」を起こしたとすれば、人間が人力で詳しくチェックする必要が出てくる。そうなったら結局人間の負担は変わらないばかりか、「チェック」という単調なことばかりを人間が行うハメになる。中間管理職あたりのちょっと偉い人が定めたチェックリストに沿って、低賃金で雇われた派遣や非正規労働者が大量のチェック作業を請け負う、という図まで想像してしまう。便利なものを作っても、少なくとも働く人間の立場からはその便利さを享受できないのが今の社会ではないか。

また、昔求められていた仕事量と変わらないままで技術が発展すれば仕事の量は減るはずだ。だが企業では右肩上がりの利潤が求められる。その条件下で機械やネットが発展すると、まずは処理できる数の多さと速さを求められる。いかに便利な機械が生まれても、そのために「より多く、より早く」を求められるだけではいつまで経っても仕事にゆとりなど生まれるわけがない。

たとえば私はパソコンのＯＳでいえば、Windows XPをとてもいいと感じていた。特に不便を感じもしなかったし、安定した動きだったので別にこのままバージョンを変える必要はないと思っていた。しかしそんな私の思いとは裏腹に、ＯＳは常に「バージョンアップ」という名のもとで発展し続けるし、古いバージョンは使い続けたくても、時間が経てば経つほどアプリケーションが使えなくなり諦めざるを得ない。しかもバージョンアップというけれど本当により良いものなのかどうかは私のようなパソコンの素人では見当がつかない。メールでも十分用件は伝えられるのに、SNSで用件を伝えることも今や普通だ。便利さを追求していく中でこそ、労働は過酷になっている現状。私たちの生活そのものは便利だけど、労働は凄まじくキツいという状況は、豊かな生活とは言えないはずだ。

私自身はネットを見るのは好きだし、動画などを見るのも好きだ。でも消費者としては快適に生きていきやすいが、生産者やサービス提供の立場になると過酷になってしまう状況は、やはり生きることがしんどいとしか言いようがない。

さらには労働と資源の関係について考えれば、環境問題を考えてビニール袋は有料化されたが、その代わりにエコバッグがいっぱい売られ出している。現代社会の「労働」(何かを販売するというのも労働だ) はかなりの資源を消費する前提で成立していると思えてならない。

少なくとも技術の進歩、機械の発展によってだけでは人間の生活は楽にはなっていない。それがこの百年くらいではっきりしたと思うが、そういう意見の人にはそれほど会うことがない。前にも触れたチャップリンの映画『モダン・タイムス』で技術の発展

（という言い方さえ古びたものだ）によって人間が楽になるどころか、むしろ機械に仕える奴隷のようになっているというのは労働問題を考えるうえで重要な視点だと私は思っているが、その指摘はもはや社会の前提となってしまっている。特に日本の場合、システム化されていけばいくほど面倒臭く、ややこしいものになることを、コロナ禍のマイナンバーを用いた給付金申請で感じた人も多いはずだ。機械技術の発展の限界という問題だけではなく、日本の行政の問題など複数の問題が折り重なっているのだろう。日本は個人を特定する枠組みとして、戸籍があって、さらに住民票があって、そしてマイナンバーがあって、さらに年金番号があってとなると、役所や企業で取り扱わなければならない数字や書類が増えるばかりで、そりゃあ情報漏洩や記入漏れといった事故やミスが多発すると思ってしまう。

いつまでも楽にならない労働。楽になってはいけないと思い込まされている労働。それこそかつてのアメリカとの戦争で、本土決戦にそなえて竹槍訓練を行い、「一億玉砕」というお題目で勝てない相手に体当たりして死ぬことを良しとする価値観、つまりは無意味であっても「努力」し、自己犠牲的で、集団に染まって思考停止することを良しとする価値観がいまなお「労働」の名の下にはびこっているように思えてならないのだ。

ちなみに私のバイトは少し気に入っている。シンプルだし、環境破壊もしないし、何かを支えこそすれ貶めることはない。何より週三日の二時間だけという点が大きいのだが、当然、この仕事だけでは生きていけない。その事実を嚙み締めながら今日も労働についてあれこれ考えている。

頑張りゃいいってものじゃない

二〇一八年を最後に海外に行っていない。そもそも二〇二〇年からはコロナ禍でもあったし、円安なので懐事情の厳しい私が行けるはずもないのだが、それでも無性に日本以外のどこかに身を置きたくなる。言葉も通じないし、交通機関に慣れていなくてもどこか安堵するからだ。

ここではその安堵の理由をとことん考え、お伝えしたいのだが、その前に私が海外に行く楽しみの一つをご紹介したい。有名な観光地に行くのも嫌いではないが、現地の人が使うであろうごくごくありふれたスーパーマーケットやコンビニエンスストアを訪れるのが大好きなのだ。あるいはそこに住んでいる人が通うような定食屋（的な場所）やフードコートにも興味がある。

基本的に食いしん坊だからだが、グルメというわけでもない。いわゆる観光客目当ての場所ではないコンビニやスーパー、飲食店といった場所でこそ、その地域の特色を味わえるからだ。惣菜コーナーだけでも実に興味深い（ちなみにこれは国内でも味わえる楽しみで、北陸地方だとコンビニで売っているおにぎりはとろろ昆布で巻かれているし、沖縄ならスパムソーセージが具になっている。いわば「秘密のケンミンSHOW」的な楽しみでもある）。

海外の話でいうならば、今は韓国のごま油風味の海苔やその海苔を使った海苔巻き（キムパプ）は一般的だが、一九九六年に初めて韓国に行った時はまだ日本には流通しておらず、キムパプを食べた時にはその美味しさに感動したものである。二〇〇一年にノルウェーに行った際にセブン‐イレブンに入ったのだが、今度はおにぎりを一切売っていないことに驚いた。その代わりと言ってはなんだが、アイスクリームの専門店にある大きい冷凍庫のような機械があり、そこには冷やされたアイスではなく温められたパスタが売られていた。また二〇一五年に行ったロンドンのスーパーで初めて「セルフレジ」というものを目にした時に、「この機械の導入でレジの仕事が不要になって『これで楽になる』と感じるか、『雇用が一つ減ってしまった』と感じるか、その人がどの立場に立っているかで変わってくるだろうな」と思ったものである。その当時は日本にはあまり存在していなかったセルフレジだったが、日本に導入されたら果たしてどのように使われるのか若干の不安を感じたことを覚えている。その不安がどう具現化したかは後で触れることにしよう。

そうそう。私はスーパーやコンビニに並ぶ各国、各地域の惣菜の違いに心躍らされもするが、さらに関心を持つのが店員さんたちの接客の様子である。それこそ最初に行った韓国では観光客相手にもさして笑わぬ店員に対して、私はなんとも思わなかったが、一緒に行った大学生（当時）の男性は「真顔で怖い」と言って怯えていた記憶がある。なんでそんなに怖いのかその時はわからなかったが、のちのち労働問題やフェミニズムについて知るにつれ笑わなければならない立場か、笑顔を求める立場かで感想が変わってくるのだろうと思った。

その後複数の国を訪れる機会を得たが、韓国に限らず日本のようにいちいち店に入ってくる客に「いらっしゃいませ」と言う店員は少ないし、そっけない対応の人も多い。二〇一三年には友人を訪れるために北京、二〇一五年には移民家事労働者の現実を知りたいと訪れた香港の美味しい中華料理屋では、お店の人はチャキチャキ働いているがとにかく日本でよく見る接客用の「笑顔」がないことにむしろホッとした。

二〇一六年にカリフォルニア大学ロサンゼルス校（UCLA）で開催された女性を中心とした労働組合の集まりに参加した際に、ヒスパニックの人たちが多く住む通りでセブン-イレブンに立ち寄った。そもそも店内の照明が日本のコンビニみたいにピカピカ明るく光っておらず、店員さんもその薄暗さに応じた接客のテンションだったが、別段買い物に不自由はなかった。二〇一八年も労働組合の集まりでカナダのバンクーバーに行ったが、そこのスーパーのスタッフは座りながらレジをしていた。しかも日本の店に比べたらゆるやかなスピードだったが、誰もイライラせず並んでいた。ロンドンのスーパーは前述した通りセルフレジだったが、駅の切符は駅員から直接買う形で、駅員さんはわりとご機嫌で働いているようであった。おそらくその理由は部下らしき男性が差し入れているお菓子とお茶を飲みながらだったからに違いあるまい……。そうした対応に私は全く気にならなかったが、お茶を出す部下がインド系と思しき人で、それを啜って切符を販売していたのがいわゆる「白人」と思しき人だったことは気になった。

ロンドンに行った時に驚いたのが、日本だといわゆる「女性」に多そうな職種、ホテルの受付や清掃、道路などの清掃、スーパーの店員の多くがいわゆる「白人」ではない人だった点である。男女の違いよりもいわゆる「人種」「民族」の違いが目立つことに私は衝撃を受けた。とはいえ、今の日本のコンビニも海外からの留学生が店員であることが多いことを思えば、私が外国人労働者に対して鈍感だっただけのことだろう。日本社会はますます海外ルーツの人が多く住む社会になっているのだ。単一民族なんていまだに言っている人はいかがなものか……おっとまた話がズレてしまった。

ここではとことん「出羽守《でわのかみ》」（いわゆる俗語でヨーロッパでは〜アメリカでは〜と他国や他業種などを引き合いに出して語る人のこと。揶揄の意図で使う例が多い）になってみた。とはいえ「日本の常識は世界の非常識」ということを実際に経験した話を語ってみたところで、まさにこの「出羽守」という言葉が意味する揶揄が、全ての日本の接客に対して求めるレベルの異様さやその問題提起を無意味化してしまう。

日本は消費者としては便利で暮らしやすいかもしれないが、労働として求められるものが多すぎるため伸び伸びできる社会とはとても思えないと書いたが、日本のように笑顔を振り撒いたり、やたら丁寧な言葉を使ったり、店内をピカピカに光らせていたって、バブル崩壊後の三十年、実質賃金も上昇せず日本経済は停滞を続けている。私は資本主義と呼ばれるシステムそのものに疑義を持っているが、どれだけ接客に力を入れたって全然経済成長さえしていないのだから、資本主義社会においても日本の労働はとかく努力が間違った方向にいっているとしか思えないことが多い。

私はもはや十年以上ずーっと「労働が怖い」「働くのが苦手」「働けない／働かない」といった言葉を吐き出しているが、とりわけ接客業に怖さを感じているところがある。しかも立ちっぱなしでテキパキ動いて笑顔を絶やさず接することが「誰にでもできる」と言われたりするのだ。十年一日同じことを言っても社会を変えられない自分の非力に忸怩《じくじ》たるものはあるが、最近、スーパーでのレジの仕事を座りながらしたいという署名が集められていることを知った（注1）。レジ担当をしている人たちが腰痛などに悩まされながら仕事をしていることを理不尽に感じたことが、この署名を始めたきっかけになったという。それこそ立ったり座ったりするのが腰には最も良いと思うが、なぜ日本では座ってレジをできる環境にしないのだろう。スーパーは常に人手不足なんて言うけれど、それならもう少し労働しやすい環境にすればいいはずだ。しかし経営者側が「人手不足の解消のため、レジ担当者が立ったり座ったりできるようにしました」などと方針を変えた話は聞かない。むしろ生産性アップのために椅子をなくした企業の話は聞いたことがある（注2）。座りすぎは身体に悪いというなら、立ったり座ったりできる環境にすればいいのに、ここで「立ちっぱなし」にさせることの違和感を感じるのは私だけだろうか？　立つことが当たり前の職場では車椅子の人や体力がない人は最初から排除されていると思うのだがいかがだろうか。

そういえば、数年前にパート労働者に対して好きな日に出勤し、出勤も欠勤も連絡不要、休憩時間もバラバラでいいということで話題になったエビ工場があった。この工場に対しては多くのマスコミが取り上げた。また、経営者の武藤北斗が自ら『生きる職場――小さなエビ工場の人を縛らない働き方』（イースト・プレス、二〇一七年）で詳しく書いているが、こうした自由度の高い働き方を、労働者の要求によって実現したのではなく、経営者自ら発信したことで注目されていた。労働者の権利というよりも、利益や生産性を考えても好きな曜日や時間に来ることが問題ないという結論に経営者自身が達している。そして現在もおなじ労働条件で経営を続けているそうだ（注3）。とはいえ好きな曜日や時間に来ることが別に天国でもないことは、パートの時給は何年働いても一律ほぼ最低賃金額でボーナスはないという求人情報を見ただけでも明らかである。とはいえ「レジ＝立って仕事をすること」、「無断欠勤＝絶対許されないこと」という頭の固さは資本主義社会の中ですらいいこととは思えない。日本の能力主義の厄介なところは「なるべく楽して生産性もあげる方法を考える」より、「今よりさらに頑張って生産性をあげる」姿勢をよしとする節がある。楽することは何かいけないことのように思われている。あるいは「頑張る」とは身体を酷使すること、それこそ何時間も立ちっぱなしでレジ打ちをすることだったりするのだ。コロナ禍はオンラインでできる仕事があることをはっきり示した出来事でもあったが、逆にオンラインでは代替不可能な仕事も明確になった。自宅で行う職種も増えたが、身体的な「頑張り」を要求する価値観はあまり変わったとは思えない。

いや、変わらないというよりも、もっとグロテスクかもしれない。コロナ禍以降、店員がお金を直接触れなくてもいいような自動レジを導入した店も多いが、相変わらずレジ係は立って仕事をしている。またうちの近所の某スーパーはセルフレジが導入されたものの、使い方がわからない人のために、しばらくはずっと店員さんがセルフレジのそばで立ったまま待機していた。そしてセルフレジが導入されて一年以上は経過した今は、なぜか店員さんはそのそばに置かれた買い物かごを一所懸命に磨いていた。コロナ対策的な消毒のためなのかもしれないが、マスクをしていない人も増えている昨今、その作業にどこまで意味があるのか私にはわからない。ただわかるのは今日も「頑張り」を強いられて仕事をしている人が大勢いるということだ。

（注1）署名の発信者は「スーパーマーケット・ベイシアでレジ従業員として働いている、学生アルバイトの瞬也」という方で、「大学生になり、学費や生活費のために始めたアルバイトですが、この1年半働き続けるなかで、特に理不尽に感じたことがあります。それは、レジ業務中はずっと立ちっぱなしであることです。私は17：00～21：00時の4時間シフトに入ることが多いです。4時間のシフトでは、一切の休憩無しにレジで立ち続けることになるので、足は痺れますし、膝を痛め、腰も痛くなります。他の同僚の場合、平均で3～4時間、長い時は最大で5時間レジで立ち続けることも少なくありません。（私も4時間以上のシフトの場合はこうなります）。そのような労働環境で、誰もが異口同音に身体の痛みを訴えています。」と綴られている。詳細は下記ＵＲＬ参照。

「スーパーマーケット・ベイシアのレジ従業員に、座りながら仕事をさせてください！ #座ってちゃダメですか」 Change.org https://www.change.org/p/その仕事-座ってちゃダメですか

（注2）岡浩一朗「グーグルもフェイスブックも導入、立って働くほうが疲れず生産性も上がる理由」『ダイヤモンド・オンライン』二〇一七年十月二十日 https://diamond.jp/articles/-/146122

（注3）二〇二三年九月九日時点でも「月～金（土日祝お休み）。毎週好きな曜日に出勤。出勤も欠勤も連絡は禁止。」という条件で求人募集中。

武藤北斗氏ｎｏｔｅ「好きな日に働くエビ工場、従業員募集に関して（常に最新）」 https://note.com/hokutomuto/n/n1d8f7f2e5076

「おおきなかぶ」と「新時代の『日本的経営』」

小学校一年生の頃の授業参観日のことだ。親たちが教室の後ろに並び、私の母もその中の一人として並んでいる。科目は国語だった。

教科書にはロシア民話をA・トルストイ（注1）が再話したと言われる「おおきなかぶ」が掲載されていた。それを先生が読んだか、みんながかわるがわる音読したかははっきり覚えてはいないのだが、とにかく授業の中で「おおきなかぶ」を順々に読み進めていった。

「おおきなかぶ」を知らない人に説明すると、あるおじいさんの家の庭にとってもおおきなかぶが生えたというのがストーリーの始まりである。そのかぶをおじいさんが引っ張っても抜けない。おばあさんが一緒に引っ張ってもかぶは抜けない。犬や猫などの引っ張る手伝いをどんどん増やしてかぶを抜こうとする。

「うんとこしょ　どっこいしょ」

とみんなで掛け声を出しながらおおきなかぶを抜こうとするシーンが何度も出てくる。

そこまで読んで、先生は私たちにこう指示をした。

「今から、みなさんのノートに三回『うんとこしょ　どっこいしょ』と書いてください。三回書けたら先生に持ってきてください」

みんなさっさとノートに「うんとこしょ　どっこいしょ」と書いて先生のところに持っていく。私もすぐ書こう、と思ってノートに向かった瞬間、

「えっ？　でもどうして『うんとこしょ　どっこいしょ』って言葉を書かないといけないんだろう」

「ノートに三回書けっていうけど、なんで三回？」

「このお話の中で大事な部分って『うんとこしょ　どっこいしょ』なのかな？」

「物語の最初から書いた方が勉強になるのでは？」

そんな疑問がどどどっと頭の中に渦巻いてしまった。ここで、

「せんせーい！　どうして『どっこいしょ』って三回書かないといけないんですかー？」

とはっきり質問できていたら、私も日本の「長くつ下のピッピ」になれただろうが、そもそも「質問をする」という選択肢を当時は全く思いつかなかった。

周囲のクラスメートがどんどんノートに書いて先生に見せている。焦る中で、「自分にとってはこの方が勉強になるはずだ」

と勝手に思い、物語の最初から書き先生に見せたところ、

「『うんとこしょ　どっこいしょ』だけ三回書いてと言ったでしょう。もう一度書き直し」

と言われた。

どうして「『うんとこしょ　どっこいしょ』を三回書くのか」を納得もできず質問もできない中で、授業が終わるギリギリの時間になってようやく「どっこいしょ」とノートに書いて、先生にマルをもらったのだった。

そして帰宅後めちゃくちゃ母親に怒られた。

「どうして『うんとこしょ　どっこいしょ』を三回書くだけのことがわからないの!? 立ったり座ったりしてばっかりで、なんでそんなこともできないの?」

以前、母親から食べ方が汚いと叱られた時、「なんで行儀良く食べなきゃいけない

の？」と口答えをしていた。だがここに「学校」という要素が絡むと、私の口は不思議なほどに回らず、母親に対してもその時は何も言えなかった。その頃からすでに学校というものに対して私は権威を感じていたのだと思う。従順じゃなければいけない、自分の意見を言ってはいけないと思いこんでしまっていたようだ。

小学校に上がってからは、体型が太っていることを教室でからかわれることがしょっちゅうあったので、先生のみならずクラスメートの子どもたちに対しても思ったことを口にすることができなくなっていたのかもしれない。

しかし、こういう何気ない疑問を口にできるような環境や人間関係の方が、勉強だってもっとしやすかったと思う。事実、義務教育時代の私は決して成績が良かったとは言えないし……とここまで私の小学生の頃のことを延々と書いてしまったが、何が言いたいかといえば職場もきっと同じで、ハラスメントが横行したり、常に人間関係で緊張感を強いられている環境で、個人の「能力」さえどこまで発揮できるか怪しいということだ。常に萎縮してしまう場所では、脳みそを含めた身体がどれだけ「能力」を発揮できるというのだろう。でも日本社会ではそういう緊張感ある環境でも脳や身体が動く人を今まで「有能」とみなしてきた。それは気の強い人とか、タフな人を選別するには長けたやり方ではある。優秀な「兵隊」を選別するにはとても適したやり方かもしれない。しかしその能力は本当に人としての幸せをもたらすものなのかという疑問がある。そして私が質問もできずモゴモゴとしている状態は、はたから見れば「勉強していない」「人の言うことを聞いていない」「要領が悪い」以外の何ものでもないわけだが、恐れや緊張故に、自分の意見を表に出せない人は相当数この社会に存在していると思えてならない。そしてそれが長じて仕事の現場に着くようになったら「仕事をしていない」「上司の指示を聞いていない」「なんだかいつも要領が悪い」ということになり、場合によっては障害とかなんらかの病名がつき、仕事の場から弾かれてしまう。あるいはそういう環境の中で子ども時代を過ごしていれば、大人になったとしても、いや大人になったからこそその恐れや緊張感はもうその人の内側にしっかりと染みついてしまうことも考えられるだろう。そして威圧的な上司や同僚の前ではその人の要領は悪くなり、指示もうまく聞けなくなるだろう。実際に相手がそれほど恐ろしい人でなく緊張感を与えているつもりがなかったとしても、子どもの頃から心身に溜め込まれた恐れや緊張感が何かのきっかけで噴き出し、「働けない」という状況になる場合もある。そうやって「働けない」さらに「働かない」人も多く存在しているのではないかと、「引きこもり」の状況にある立場を想像したりする。私が不登校になった経験から引きこもりに移行しなかったのは、それこそさまざまな出会いが救ってくれただけで、自分の努力とはあまり関係ないことを知っている。

また私自身、ある種の緊張感や恐れから完全に脱却できたわけではないので、相手に攻撃する意図はなかったとしても、小さい頃に私が感じた恐れを触発させる相手（最近はあまり遭遇しないけれど、妙にイキっているようなタイプや、特定の女の子ばかり可愛がるようなタイプとか）には非常にギクシャクしてしまい、仕事もなかなか覚えられず実につらかった記憶がある。

さらに気になることがある。もう少し成長すると「疑問を持ってよい層」と「疑問を持ってはいけない層」とに分けるような教育が授けられていたのではないかという点だ。他の自治体ではわからないし、今どうなっているかも定かではないが、一九八〇～九〇年代の神奈川県の県立高校は、いわゆる成績の良い進学校であるほど服装などの校則が自由で、生徒たちによる自治的な活動も認められているという環境だった。しかし進学校ではないと校則も厳しく自治など程遠い状況だった。拙著『呻きから始まる』（新教出版社、二〇二二年）でも書いたが、私が最初に入った高校では、入学式当日に教師が「上履きから体育館履きに履き替えろ！」と怒鳴るところから始まり、のっけから脱力した記憶がある（そしてのちに中退するわけだが）。

そんな教育を受けてきた世代の私たちが、その後思い切り影響を受けた企業及び政治の方針は、当時の日経連（現在の経団連）が一九九五年に打ち出した「新時代の『日本的経営』――挑戦すべき方向とその具体策」というものだ。

それまでの終身雇用型の形態に終止符を打ち、労働者を「長期蓄積能力活用型グループ」、「高度専門能力活用型グループ」、そして「雇用柔軟型グループ」の三つに分け、「高度専門能力活用型グループ」と「雇用柔軟型グループ」は有期雇用とし、雇用の流動性を高め人件費を節約させようという戦略だ。日経連の想定以上に、この戦略は日本社会に普及することになる（注2）。団塊ジュニア世代、のちに氷河期世代と呼ばれる大卒男性たちが正社員ではなく時給で働く「フリーター」として注目されるようになった二〇〇〇年代に、低賃金・不安定な雇用で働く非正規労働者が大量に増加した要因としてこの「新時代の『日本的経営』」が再び注目され批判もなされたが、それから二十年。不安定かつ低賃金の非正規労働者（結局は主に女性たちが担うことになっていった）の問題は解決することなく、むしろ恒常化しているが、昨今はさらに違う問題も派生している気がする。

非正規労働者はこの方針でいう「雇用柔軟型グループ」に区分された煽りを受けたわけだが、残りの「長期蓄積能力活用型グループ」「高度専門能力活用型グループ」のカテゴリーも、かなりいびつな事態になっていると思えてならない。

というのも私が大学時代を過ごした一九九〇年代に「大学院重点化計画」というものが進められた。これはざっくり言えば、大学院の学生を倍増させるというもので、当時からすでに「学生を増やしても受け入れ先がなければ意味がない」という批判があった。そのような状況で「新時代の『日本的経営』」の「高度専門能力活用型グループ」がつくられたことは、大学院を出ても職がない、あるいは専門度が高い仕事が非常勤でしか見つからないという現状の苛烈さを生んだ要因としか思えない（注3）。私が大学生の頃、大学の先生たちは今の同世代の研究者たちの生活に比べると科学研究費獲得や業績作成に苦労しているようにも見えず、とても「暇」そうに見えた。今よりも学生たちと教授との交流も盛んだったと思う。そのような状況はハラスメントの温床にもなりやすいため、決して全てを肯定はできないが、それでもある種の「暇」を追い出し、ペーパーワークに強くないと生きていけない研究空間から生み出されるものが何なのかを注視していきたい。それこそ私が小さい頃、「おおきなかぶ」を読んだときに感じたような素朴な疑問を研究の場でも事務的な仕事に追われて押し殺される事態になってはいまいかと懸念してしまう。

さらに「長期蓄積能力活用型グループ」とは唯一期間の定めのない雇用契約であり、管理職、総合職、技能部門の基幹職などを担うグループなのだが、このグループが一番空虚というか、具体性がないし、具現化されてもいない。この方針を考えた日経連の人たちからこの「長期蓄積能力活用型グループ」をどう育てようかという話は全く聞いたことがない。現状に即して言えば、セクシュアル・ハラスメントやパワー・ハラスメント、あるいはいじめなどが起こらず、従業員がストレスなく働ける場をつくる能力なんて絶対イメージされていない（注4）。「人間中心（尊重）の経営」「長期的視野に立った経営」が重要と方針には書いてあるものの、そもそも雇用が細分化されたおかげでまとまるものもまとまらず、雇い止めという形で職場からどんどん人が追い出され、経験が蓄積されない職場や、経験ある人が定着せず、常に職場がピリピリしている状況をどう改善していくか、なんて話はこの「新時代の『日本的経営』」の文章の中には一つも見出せない。組織をどうつくり維持していくかといったオーガナイズの発想はどこにも見えない。とにかく私の世代は、プレッシャーをはねのけて能力を発揮できる人間が良しとされ、周囲と協力して成果を出すよりも、個人の能力を上げていくことに集中するよう教育された気がする。「いじめられたくなきゃいじめる側に回れ」という教室の雰囲気をつねに感じながら育つ中では、「人間尊重の経営」「長期的視野に立った経営」なんて絵に描いた餅の世界である。そして「人間尊重の経営」と書かれている「人間」の中にはジェンダーが男性でない人、病や障害を持っている人、プレッシャーに弱い人なんて想定されていないのだ。「新時代の『日本的経営』」は、立法的なプロセスを経て生まれた指針ではない。ただの一般社団法人にすぎない組織の発信が、こうも私たちの世代を振り回してしまったのはなぜなのか。それは、私たちが受けた教育と見事に共振しあい、影響力を強めてしまったからなのかもしれないとも思う。「うんとこしょ　どっこいしょ」と言いながらみんなで協力し合うことの意味を考えるより、ノートに「うんとこしょ　どっこいしょ」と三回書くことを良しとする教育やその延長で生み出された会社では疑問を持つ人は面倒くさい人とされるし、萎縮して不器用な人は「仕事ができない奴」とみなされるだろう。病を持った人や障害のある人は居づらくさせられ、それをもうまく凌いだ上で発揮できる能力を持った人だけが「社会人」とみなされるのだ。

八〇年代には国鉄が民営化、労働組合のナショナルセンターであった総評（日本労働組合総評議会）が潰されたのと同時期に男女雇用機会均等法と派遣法が誕生した。九〇年代に「新時代の『日本的経営』」の方針が出る中で、「女性も仕事をして当たり前」という社会的認識は広まったが、九〇年代後半から女性の一般職から派遣社員への切り替えは進み、非正規労働者率が増加した。そして二〇〇〇年代には大学新卒健常者日本人男性の非正規労働者率が高まり、この四十年間、労働環境において収入と待遇の格差と分断が進んだと言える。またこの四十年、「ハラスメント」という言葉が生まれる前はその行為が問題であることさえ認識されてこなかったが、「ハラスメント」という言葉が生まれてもなお、さまざまなハラスメント問題は起き続けている。そんな状況において「働けない／働かない」人々の姿を、日本の労働状況への問いとしても受け止める必要はある。

この本で「働けない」ことをとことん考えているが、実は「働けない／働かない」ことの分析よりも、セクハラやパワハラを受けたり、あるいはセクハラやパワハラが当たり前とみなされる状況だったり、プレッシャーで萎縮して仕事をうまく進めることができなかったり、さらに疑問さえ封じられるような環境の中で働くとはどういうことなのか、そのありようをこそ問いたいと私は思いながら書き進めていた。言ってしまえばそんな職場の環境に馴染むことのできないマイノリティより、そんな中で働くことができる、あるいはそれを我慢できてしまうマジョリティのありようをずっと問いたかった。「マイノリティが生きていきやすい社会はマジョリティも生きていきやすい社会」とよく言われるが、それでもなおなくならない差別を思うと、ことはそれほど単純なことではないのかもしれない。

生活保護バッシングや専業主婦バッシングなどは、仕事がつらいと感じる気持ちを封じようとするからこそ生じる憎悪の感情ではないかと思う。生活保護受給者や専業主婦の人にその憎悪を感じるのはお門違いもいいところだが、憎悪そのものを封じるより、なぜそんな憎悪が生まれてくるのかを問うことの方がとても重要なはずだ。しかしその憎悪を問うてしまうと、それまで「よし」としてきた価値観が揺らいでしまうこともある。私たちはともすれば、自分が楽になることよりも、自分の今までの頑張りが急に無意味になってしまうことに耐えられない場合が多い。さきほど私の受けた教育は優秀な「兵隊」を選別するにはいいやり方だと書いたが、それこそ「兵隊」のようにハラスメントやいじめに耐えた人間が、そんなことに耐えるのは無意味な環境になった際に、解放されて「やった!」と思える人もいるだろうが、自分の頑張りが無に帰したことに耐えられない人間もいるだろう。

スピードを要求される仕事にゆっくりした人が入ってしまうといじめの標的になるし、狭い閉鎖的な人間関係もハラスメントが起きやすい。そしていじめられる人が「可哀想」とさえ思われないことが多い。「不幸な人は同情されない」「というのも不幸はこっけいだから」と哲学者のシモーヌ・ヴェイユは語っていたが（シモーヌ・ヴェイユ『神への愛と不幸《L'Amour de Dieu et le malheur》』から引用者が訳出）、職場の仕事ができない人ほどまさにこれに該当するのでは? と思う時がある（ヴェイユがこの言葉を発するようになったのは、不器用な彼女が苦心惨憺した工場労働の経験後である）。そして雇用形態の多様化ならぬ細分化、それによって人間関係は、薄氷を踏むような事態となる。公的機関から業務を委託された下請け会社が、さらにその業務を分担させるために依頼した派遣会社の社員に私はなったことがある（イメージとして私の立場は孫請けという感じだ）。そのとき、この「下請け」企業の人は実にピリピリとしていた。そもそも繁忙期である上に、指示を出すといっても完全に権限が自分たちにあるわけではなく、常に仕事を委託した側（公的機関）には気をつかわねばならないからだ。しかも指示する側の下請け企業の人がピリピリすればするほど、指示される側の派遣社員のミスも増え、まさに負のスパイラルであった。なんでこんなことになってしまうのか……？

働かない／働けない側が悪目立ちすることが多い。だが、本当に注目すべきは特に誰も幸せそうに見えない労働状況のはずだ。仕事をしない立場が羨ましく見える状況に対して、マジョリティの側からも思いっきり疑問の「？」、怒りの「！」を叩き付けてもいいのではないだろうか。

さて、本書にて、マイノリティのみならず、マジョリティ、言い換えれば「働ける」、「シスヘテロ男性／健常者／在日日本（ヤマト）人／会社勤め／既婚者／子持ち」の人に対して、あなたたちの立ち位置が本当にまっとうなのか、疑問も怒りも感じなくていいのかと少しは刺さる話ができたならば、これほど嬉しいことはないが、いかがだっただろう？

(注1)『おおきなかぶ』(A・トルストイ再話、内田莉莎子訳、佐藤忠良画、福音館書店、一九六六年)。この再話者であるA・トルストイ(アレクセイ・ニコラエヴィチ・トルストイ)はSFと歴史小説で知られる人物であり、『戦争と平和』『アンナ・カレーニナ』の作者のL・トルストイ(レフ・ニコラエヴィチ・トルストイ)とは別人なので注意。

(注2)「非正規雇用の活用を30年前に提言したら…「今ほど増えるとは」 労組側「やっぱりこうなった」」二〇二三年二月二十七日 東京新聞(当時)TOKYO Web https://www.tokyo-np.co.jp/article/233389

「非正規労働者が増えるきっかけになったといわれる報告書を一九九五年にまとめた日経連(現経団連)元常務理事の成瀬健生さん(89)が、本紙のインタビューに対し、雇われて働く人の4割近くを非正規が占める現状に「今ほど増えるとは思わなかった」と証言した。約30年の時を経て日本の賃金停滞へとつながっており、非正規の急増に歯止めをかけなかった経営者に対し「人間を育てることを忘れてしまった」と警鐘を鳴らした。」

(注3)さらに私たちの世代では、男性よりも女性である場合は教授職などの大学内の高位のポジションにつくことが難しいことは、私も共著として関わっている『高学歴女子の貧困――女子は学歴で「幸せ」になれるか?』(大理奈穂子・栗田隆子・大野左紀子著、水月昭道監修、光文社新書、二〇一四年)ですでに報告されている。男性の立場で大学院に進学しても研究職では食べていけないことは、芥川賞受賞作家の円城塔による「ポスドクからポストポスドクへ」(日本物理学会誌 63巻7号五六四〜五六六頁、二〇〇八年)に詳しい。 https://www.jstage.jst.go.jp/article/butsuri/63/7/63_KJ00004980445/_article/-char/ja/

(注4)「新時代の『日本的経営』」の原文を読むと「欧米先進諸国は、日本的経営について、いわゆる終身雇用慣行、年功賃金制度、企業別労働組合の3つを象徴的な特徴としてとらえているほか、経営行動としては企業間の系列関係、株式の持ち合いなどもわが国の特徴と指摘している」が日本的経営の特質は「人間中心(尊重)の経営」「長期的視野に立った経営」という理念であり、制度や仕組みは環境条件の変化に対応すべきと語っている。ちなみにこの「新時代の『日本的経営』」をまとめた中心人物の一人である経団連の永野健名誉会長はリーマンショックの起きた二〇〇八年九月の四ヶ月前、五月十二日に八十五歳で亡くなっている。

三章

不安定な私の労働と、働かなくてもよい人たち

「怠け者」列伝

「怠け者」……たいがいは罵倒として使用されるこの言葉に向き合いたい。この世に生を享けて五十年以上、勤勉とは言い難い態度で生きてきた者として、この「怠け者」という言葉は「働かないをとことん考える」際に避けられないはずだ。

怠け者という言葉でぱっと浮かぶ人物像といえば「生活を支えるための労働をしない人」とりわけ「賃労働をしない人」といったものだろうか。とはいえ今の社会では賃労働の未体験者は少数派だろう。男性はもとより女性においてもそうだ。日本社会の中で専業主婦の割合は一九八〇年から二〇二三年の四十年以上の期間において、多少の上下はあったとしてもほぼ下がり続けている。この事実をもってしても、賃労働をしない成人（高齢者は抜かす）は少数派である。

しかし日本社会では多くの人が「働く権利」を得た誇りよりも「働くのはつらいけれど、世間では働かないと一人前とみなされない」とか「働かないと、世間から後ろ指さされる」といったような強迫観念が強いのではないか。労働できる権利のもとで働くというより「つらくても賃労働をしないと世間体が悪い」という強迫観念のもとで生きているからこそ、働いていない人間に羨望の目を向けるというメンタリティが存在しうる。

ただし、働かないで生きていると言ってもたとえばデイトレーダーといったいわゆる株の投資や不動産の売買、あるいは土地の貸し借りというかたちで利益を得ている人がバッシングされることはない。そのように稼ぐやり方はむしろ今時の言葉でいうなら金融リテラシーが高い人間として賞賛される。株や不動産所得で利益を得ているのは労働で利益を得ているわけではない。この二者の周囲からの扱いの違いはまた別途考えたい。

今回は過去の歴史や、伝説、そして物語の中の「怠け者」を取り上げ、ちょっとした「怠け者」列伝の項としたい。またその際に「怠け者」と呼ばれる人たちになんらかの属性の偏りがあるかどうかも注意していきたい。

この本では日本社会における正社員、いわゆる社会人だとか言われる際、その多くは「健常者成人異性愛者シス日本人男性」が占めており、それ以外の属性においては労働者の中でも周縁の位置に据え置かれてきたということを、折々語ってきた。

とはいえ、労働力調査では怠け者は語れない。「怠け者調査」など存在していたらディストピアSFみたいだが、「怠け者」かどうかの調査をし、怠け者に該当する人間を殲滅したいと考える権力者は現実にいるだろうなと思ってしまう。

それでは歴史的人物、あるいは物語や小説ではいかなる人物が「怠け者」として描かれているかをみてみたい。

たとえば日本の落語や昔話では多くの怠け者が登場する。

いいとこのお坊ちゃんゆえに全然働かないで生きている姿が笑いのネタになる「若旦那」。家族背景は詳しく描かれないけれど、妙な商売を始めたり、あるいは仕事を紹介されたりしてもいまひとつ仕事にならない「与太郎」や「喜八」(関西落語では与太郎の役回りが喜八という名前になる)。大工の熊さんや八っつあんにしたところで長屋の家賃の滞納は日常茶飯事。大家さんやご隠居さんの心配のタネの様子である。そして大家さんはそもそも不労所得者ではあるし、ご隠居さんは文字通り「隠居」をしているわけだから働いているわけがない。それでもみなさん、なんだか元気で少なくともうつや自殺とは無縁そうである。

昔話にしても「三年寝太郎」など、怠け者と笑われていたが、灌漑事業など突如大きなことを成し遂げたりする。日常の瑣末なことをさぼる怠け者が大きな仕事をなせる器の大きさを示すといった具合だ。

さらにそんな大きな仕事をしなくても、世の中を問うだけでも一定の評価を受けてきた「怠け者」たちがいる。古代ギリシャに遡ればソクラテスなどもいわゆる「賃労働」をせず日がな一日、アゴラ（広場）で議論をしていた。この営為は別名「哲学」と呼ばれてきたが、議論を熱烈にしているのはまだ勤勉（?）な方で、樽の中で人生を過ごした犬儒《けんじゅ》派（注1）のディオゲネスという人物さえいる。彼の伝説的な問答としては、アレキサンダー大王がディオゲネスに会いに行き何か欲しいものはないかと問う。ディオゲネスはその問いに「陽を遮らないでください。それ以外に何も求めません」と答えたという。またタレースという哲学者は一心に星を見ていたところ地面の穴に気づかず落ちてしまった。その様子を見ていた女性が、哲学者は遠い星のことは理解できても身近なことはわからないのか、と笑ったという逸話もある。そして哲学者を笑ったのが「女性」である意味についてものちに触れてゆきたい。

働かないことによって地上での名誉や富を捨てる……いわば生産に寄与しないゆえの

偉大なる可能性を怠け者は秘めているということになる。この怠け者のストーリーは宗教ではさらに壮大となり、教えのコアを形成してゆく。

ブッダは王族出身で、そもそも庶民として働いたことはない。さらにその身分を捨てて「悟りを開き」、その後は涅槃《ねはん》に入るまで人々からの喜捨で一生を過ごした。キリスト教ではナザレのイエスは三十まではは大工の仕事をしていたといわれているが、その後はその生活を捨てて「神の国の到来を伝える」ために自分についてくる弟子たちともキリスト教的にいえば「公生活」（注2）、一般的にいえば「放浪生活」を送った。

日本の宗教でいえば、鎌倉時代に無一物に徹し各地を家族とともに放浪し踊念仏をひろめた一遍上人、あるいは、江戸時代だと良寛などが挙げられるだろうか。大きな寺を持つとか、学識を積むといった僧侶における権威から離れ、賃労働はおろか宗教組織維持のためにもほとんど働かないという点では、やはり「怠け者」といえるだろう。

特に良寛に関しては子どもの頃、児童向けに書かれた「偉人伝」を読んで以降シンパシーを抱いてきた。庄屋の息子として生まれたが「昼行灯（昼間の行灯、つまり灯りをともしてもパッとしないように、さえない様子を皮肉った呼び名）」と呼ばれ、その後出家、人々からの寄付のもとでその日暮らしの貧しい生活を送るという生き方は、私の理想だった。

さらに近代日本社会での「怠け者」の象徴的存在は文学者が担ってきたように思える。太宰治、坂口安吾、檀一雄、あるいは詩人なら中原中也や萩原朔太郎などなど、この人たちもいいところの坊ちゃんであるからこそ働かずとも生きていけたのだろうけれども、家業を継ぐわけでも地域の名士になるわけでもなく生前はアルコールや薬物に依存したり、家族を捨てて文字通りの放蕩生活を送ったりしていたわけである。

私は最近若手のお笑い芸人が好きになってしまったのだが、お笑い芸人の中には「クズ芸人」としてギャンブルの借金問題を抱えていたり、引きこもりやニートなど親に養われていた経験を語る人たちがいる。中には有名大学を出ている芸人もいて、日本の近代文学者の系譜は（まだ男性中心の世界である点も含め）現在はお笑い芸人に流れているのか？　と思う節もある。

だがしかし。しかし、しかし、しかし!!

お気づきだろうか。今ここで紹介した怠け者たち、全員男性なのである。

女性で働かないで生きている人となると、いきなり女王様だとかお姫様だとか、王の「愛人」とか、階級性と家父長制のダブルコンボによって初めて賃労働が免除される、あるいは賃労働することが許されないというかたちになる。また王族や皇族といった女性たちが微妙な位置なのはいわゆる「世継ぎ」をつくるための要員という要素を持つ点だ。労働と同じく出産のことも英語ではLaborと表現するが、この人たちが賃労働から外されていてもここで描かれる「怠け者」列伝に加えてしまっていいとは思えない。なぜなら子どもを産むか産まないかの意思決定さえ持ち得ないような状態は、地上での名誉や富を捨てて、生産に寄与しないことによる偉大なる可能性を生きるどころか、「生産」に強制的に関与させられている。より正確に言えば生産に携わる人を生産し続ける「再生産」に特化された立場というべきか。いわゆる「トロフィーワイフ」（美しさによって男性の自尊心を満たすような女性）であってもそれは男性の自尊心を満たし、ある種のケアやサポートをしているというレベルではちゃんと社会に寄与しているということになる。ともかくこのような女性は私から見れば怠け者とはとても言い難い。人間の生活あるいは感情を支えるケアやサポートがちゃんとした仕事や労働と認識されないままに無償あるいは低賃金、場合によってはなんらかのスティグマが植えつけられる様は、エッセンシャルワーカーやケアワーカー、あるいは主婦層やナイトワークの人々にも通じる問題だ。そしてそれらの仕事の多くは日本では女性たちが担っている。世界的にみても、女性、あるいは女性であり移民といった複合的にマイノリティである人が担わされるか、仕事をすることそのものが許されないのだ。

……この本の中では何度もマジョリティでなければ、いわゆる「まとも」な仕事に就ける率が低いこと、あるいは「まとも」と呼ばれる仕事はマジョリティが就いている仕事であることを折に触れ語ってきたが、同時に、マイノリティはこの世の価値観を問いただす「解放されたもの」としての「怠け者」として生きることも許されてきていないということも感じる。

伝説的な哲学者の話に戻りたい。星ばかり見ることを笑ったのは女性だった。一説では下女のような立場の女性だったともいわれる。空ばかり見ている哲学者を笑う女性は、生活を常に考え空など見ないことをよしとされてきた属性だからこそ、この話に妙な説得力を生み出すのだ。

いわゆるマジョリティの存在は社会に貢献するものとして期待されるゆえに、そこから外れてアウトサイダーとして生きることもそのギャップ、落差が生じるために意味のあるものとして歴史に刻まれる。逆にもともと中央、マジョリティから外れているとまともに社会に位置付けられもせぬゆえに、そこから外れることにもさして意味が見出されない。あるいはマジョリティは潜在的なポテンシャルが高いとみなされるから、それを投げ出すことにも意味が見出される。しかしマイノリティはギャップもなく、ポテンシャルも低いとみなされるゆえ怠け者であることには何の意味も見出されないのである。

新約聖書のルカ福音書に出てくる「放蕩息子の喩え」という物語がある。金持ちの息子として期待されても、そこから外れて放蕩三昧のあげく、自分の行いを悔い改めて父(神)の元に赦しを乞うために戻るという、神の愛と人間の関係を表す譬え話だ。このストーリーがなぜ二〇〇〇年超えても一定数の人間から支持されてきたかといえば、「父の息子」として財産が分け与えられ期待されている存在が「放蕩」するギャップ、さらにその「放蕩」から足を洗い自分の行いを全反省して悔い改めるという「ギャップ」にあるからではないかと思う。

しかし女性(あるいはマイノリティ)にはこの「ギャップ」が存在しない。「財産を所有すべき存在」あるいは「多額の金を得られる仕事をすべき存在」として社会的に位置づけられていないがゆえに、そこから外れたとしても既存の社会を問う力を持つ「怠け者」とみなされることはないのだ。そればかりかマイノリティは常時うっすら「怠け者」とみなされる。それゆえに、既存の体制を揺るがす「怠け者」としては認識されないのだ。この「マイノリティ」の部分の属性は各々「女性」、「外国人」、「貧窮している人」等々当てはめてみるといい。これらの属性はちょっとでも何かあれば途端に「怠け者」と言われるが、そこに微塵も既存の社会を揺るがすポテンシャルが見出されはしなかったのだ。社会で中央から外されてきた女性は労働者としてきちんと認識されることもないのと同時に、「怠け者」としてのその名をとどろかす存在とみなされてこなかったのだ、と思う。

もう少し言葉を重ねるなら、女性が既存の社会を揺るがすポテンシャルを見出される場合は、「良妻賢母」からはみ出すパターンだと思う。ただしそれは完全に男性との関係をシャットアウトするのではなく、いわゆる「男性との性的関係が奔放」であることが条件になっているように思える。それこそ聖書で放蕩息子に該当するのは、女性ならば男性遍歴を重ねた「罪深い女」なのだ。聖書の世界を筆頭に、『マノン・レスコー』だの、『椿姫』だの、『ボヴァリー夫人』だの、『緋文字』だの、男性が「怠け者」であることに対して、女性は「男性との性的関係が奔放」であることで既存の社会を揺るがすかのように描かれるのだ。

そこで見出すギャップとは、いわゆる聖書的なたとえでいうところの悪女であるイブと聖女であるマリアを行ったり来たりするいわば「ギャップ萌え」みたいなところでしかないのだ。

いよいよ、物語社会から今の日本社会に戻るとしよう。古代ギリシャならいざ知らず、男性が「怠け者」で、女性が「性的関係が奔放」であることがそんなにも社会を揺るがすポテンシャルを持っているのか？　と思ってしまう。ここはひとつ、男性関係とかはとりあえず脇に置いているような女性の怠け者はいなかったのか？　人生をかけて「怠け者」として生きてきた女性（というかシス男性ではない人）を探したい。フィクションでもノンフィクションであっても男性ではない「怠け者」を見つけようじゃないか。

まず物語、フィクションの世界になるが、私が十代に涙が出るほど共感した「怠け者」の女性はテネシー・ウィリアムズの戯曲『ガラスの動物園』（注3）に登場するローラだ。ローラはこの戯曲の語り部であるトム（著者であるテネシー・ウィリアムズの姿が投影された人物）の姉である。彼女はほんのわずかに足に障害を持っているが、足を気にしてしまうがゆえに人とのコミュニケーションがうまくとれず高校を中退する。その後タイプライターの専門学校に通っても教室で嘔吐してしまい、家にこもって棚の上のガラスでできた動物のコレクションを大切にして生きている。トムの友人のジムが家にやってきて、ほんの束の間その友人と心を割って話ができかけるものの、ジムには婚約者がおりローラの心の行き場がなくなってしまう。

当時、不登校を経験した直後で、そんな女性が出てくる小説を読んだことがほとんどなかった。少女漫画や小説でも元気な女の子が主流の物語が多かった。心が傷ついていたとしても私が若い頃はいわゆる「不良になる」という現れ方が多かった。今なら（私はこの言葉が好きではないのだが）「メンヘラ女子」という枠組みなのかもしれないが、『ガラスの動物園』はその先駆方だったのかもしれない。

実在の人物でいえば生まれ育ったアメリカのマサチューセッツ州アマーストを離れることなく家にこもって詩作を続けたエミリー・ディキンスンも私にとっては数少ない指針だった。また私が大学院で研究してきた思想家シモーヌ・ヴェイユは「怠け者」というよりは「不器用」というにふさわしいが、すくなくともバリバリに仕事をして、生前において何らかのジャンルの「女性の第一人者」といった人ではない。あと日本では森茉莉だろうか。同じ文豪の父を持つ幸田文とは違い家事なども不得意で結婚生活も続かず、一人テレビを見てエッセイを書き、BLの先駆といった小説、あるいは性的関係を想起させる父娘関係の小説を書いていた。森茉莉の場合、誰かの妻や母というより、生涯森鷗外の娘として意欲的に生きてきた感があり、家父長制から距離を置いていたかどうかは躊躇するところはある。

……などなど書いてきたが、やはりこう書いていくと「怠け者」でそれなりに名前を残す人は、女性であっても、ある程度文化資本が高いというか、階層が高いのかなとは思う。ある意味何かをなしうる属性であるからこそ、「怠け者」にもなりうるということが言えそうではある。

ここまで読んでお気づきかと思うが、私はずっと女性の怠け者、しかも男性との関係に紐づけられない怠け者として生きていきたい願望があった。だが、怠け者として生きることにはそもそも特権性があるというだけではなく、その特権を投げ捨てて生きているということではじめて社会的な「意味」があるという構図が存在しているのだ。いわゆる「偉い人」になることと希代の怠け者となるのは表裏一体のような関係である。だからこそ、「女性初の○○」を目指す勢いで突出した怠け者を目指す、そういう生き方があってもいいのかもしれない。

しかしそれは「女性初の○○」と同じくらい特権的であることもわかってきた。なぜなら怠けることを自らに引き受け、それを否定しないことによって、この社会に何らかの不調和を起こし、問題提起をしたいくらいの気持ちもあるからだ。そしてそれは何らかのジャンルの「女性初」となるのと同じくらい難しい。私はいわば大学院卒のいわゆる高学歴で、しかも最近「文筆家」として公に発言する機会に恵まれている。そんな立場の人間、とりわけ女性ならば社会的なキャリアを積み上げ、社会に貢献するような勤勉さが備わっている、あるいは勤勉さを発揮しなければもったいないと思う人もいるかもしれない。

とはいえ今までの話をまとめるならば「男性たちが偉くなれるようなポテンシャル」を投げ捨てて「怠け者」になることにこの社会では一定の意味が見出されてきている。そういう意味では私が「高学歴」で「文筆家」としての名前がありながら怠け者を名乗るということは、その種の男性がやっていたことを女性の私がしてみようとしているとも言える。そうであるならば、これまたある種の「男並み」を目指しているものかもしれない。

だがそうであっても女性が怠け者として生きるということには今後も向き合いたい。自分でも私は怠け者なのか働き者なのか、あるいは不真面目なんだか真面目なんだかよくわからないが、怠ける／働くという線引きを揺るがしたいことだけは間違いないからだ。

ちなみに、怠け者について書く際に意識した『怠ける権利』（平凡社ライブラリー、二〇〇八年）という本がある。怠けることを単なる道徳の話というよりも、それこそボイコットやストライキのような社会的なものとして位置付けようとした内容であり、とても興味深い。だが、この本の著者であるポール・ラファルグが自殺していることを考えると、怠けることに社会的な意味を見出そうとするのもなかなかな茨の道なのだと考えこんでしまう。

「怠け者」の存在、視点、立ち位置について私はゆらぎながら、これからも考え、向かい合い続けるだろう。実際のところ完璧な怠け者、働き者とも言えない人間だが、それでも怠け者という汚名、あるいはトリックスターのような「栄光」のどちらも他人事として切り分けず、自らの中に住まわせていたいと思う。

（注1）犬儒派、キュニコス派と呼ばれる哲学の一学派。富や名声を得ず、自然に与えられたもののみで生きることが人生の目的であると説いた。「皮肉屋」を意味する英語のcynicの語源にもなっている。

（注2）英語では公生活はMinistry of Jesusと呼ばれるが、Ministryという言葉の直接の由来はラテン語のminister（所有格はministri）「劣っている、召使い、神父の助手」（中世ラテン語では「神父」）から来ている。キリスト教の教義の中でイエスが放浪生活を送っている姿は「人々に仕えている」ものとしてとらえられているわけである。

（注3）このローラのモデルはテネシー・ウィリアムズの実姉ローズである。ローズは実父と対立関係にあったとも言われており、精神不安定な様相を示したことから精神病院に入院、そしてロボトミー手術を受けさせられた女性である。

働いているけど、働いてない

最近（二〇二四年六月）の私の仕事ぶりは、体が動く範囲でアルバイトや在宅の仕事をしている。

それならば「『働けない』をとことん考える、どころか働いちゃっているじゃないか」とツッコミを受けそうだ。だけど、働いているはずなのにいまひとつ「働いている」実感が持てない。

一九七〇年代に生まれた日本の女性解放運動（「ウーマンリブ」と呼ばれた）の旗手の一人、田中美津の著作『いのちの女たちへ』（注1）では、リブに出会う前に田中美津が「定職」についていたと綴る際に、「驚くなかれ、あたしは夏の間中、職場の近くにある風呂場に忍び通って毎日三時頃いい気持ちで戻ってきたりしてたのだ。むろん、どんなにいいかげんな会社でも、風呂付きで勤めさせてくれるとこなんてあるハズもない。まったくの非公然で、今想い出してもバレなかった方が不思議な位である」と「非公然」に銭湯に入っていたという記述がある。会社員である田中美津がどこにいても何をしても同じだというつらさや、自分を「異邦人」（ママ）としてしか感じられないゆえの「無気力、無関心」となる状況が伝わり、リブに出会う前の田中美津の様子がとても印象的だった。だが、それにしても勤務しながら風呂屋に入れるなんてと、驚いたものだった（そもそも風呂屋も激減している！）。勤務時間もタイムカードで管理される今の時代では考えられないエピソードである。女性解放思想にかかわった人たちが学生やバリバリと働く女性たち、あるいは（その後八〇年代の市民運動で登場した）反原発などの市民活動に熱心な専業主婦とは限らないという点でも印象的だったのかもしれない。

勤務時間内ではないが今の私は働いているといっても、それこそパートタイムの仕事なので田中美津のように「昼間に風呂に入れる」程度の自由を確保しているからか、自分の限界まで働いていたとしてもどこか「働いていない」気がしてしまう。

この本で何度も語るように日本社会ではフルタイムの「正社員」の働き方を労働者モデルとして法律も制度もつくられている。そこからズレているがゆえに、いまひとつ

「労働者」としてのアイデンティティが持てないのかもしれない。いまだにこの正社員の呪縛が自分の中にあるのか？　と驚いてしまう。日本には「公民権」とか「市民権」同様、場合によってはそれ以上に、「社会人」であるかどうかという区別が大手を振っている。正社員＝社会人で、それ以外は周縁の存在、という呪いが恥ずかしながらいまだに自分の中で有効なようなのだ。

でも私が「働いているのに、働いてない」ように感じてしまう理由はそれだけではない。もっといろいろな理由が存在している。

まず、この項では「働いているのに、働いてない」ように思えてしまう状況をいくつかお伝えしたい。そして「働いているのに、働いてない」と思ってしまう感覚そのものも「社会人」という言葉が持つ大きな矛盾や罠が関係しているととらえつつ、話を進めたい。

まず私にとって単発の仕事の経験が多かったことも、自分が労働者ではない、働いてないという感覚につながっている。

単発の仕事は、指示されてすぐに仕事ができるという能力、いわば即戦力を求められる。そして指示する人の態度やその内容は非常に厳しく、難しい場合も多い。仕事内容としては単発の仕事が一番私にとってはきつく、ついていけなかった。この手の仕事の募集にはたいてい「誰にでもできる仕事」などと書かれている。確かに学歴や資格は問わないとしても、能力的に誰にでもできる仕事では決してない。一度、朝一番で工場に行って二十分後に「クビ」を言い渡されたこともある。工場で仕事の指示を受けたものの、教えられたとおりの工程がうまく理解できず、指示をしていた若い男性が不意に姿を消し、代わって責任者と思しき中年の男性が現れて「今日はもう帰ってほしい」と言われたのだ。賃金はどうなるのかと派遣元に問い合わせ、その日に稼げる予定程度の額は支払われたものの、衝撃のできごとではあった。

ここまで酷いことにならなくても、物覚えが悪く要領もよくない人間にとっては単発の仕事はただただ右往左往、まごまごしたままで終わってしまう。冷や汗をかき、疲れ果てても実際に仕事をこなせていたかといえば、仕事を覚えられず怒られ、迷惑をかけるような状態。仕事をした賃金というよりも、怒られた分のお金をもらったとしか思えない経験だった。

非正規労働者が増大する一歩手前（それはいわば大卒男性が時給で働くようになった状況を指す）の一九九五年、この本でもすでに紹介した経団連（当時の日経連）の「新時代の

『日本的経営』」では三種類の労働者が想定された（詳細は一四九ページ～参照）。その中で単純労働を担う「雇用柔軟型」形態の労働の多くは現在、「誰にでもできる」という名目で、「即戦力」、すなわちすぐに仕事を身につける能力が求められる。コミュニケーションを含め、柔軟にその場に合わせた能力を求められているといっていい。労働条件が不安定なことに加え、どんな仕事にでも合わせられる能力を指している現状、「柔軟」という言葉が実に残酷に響く。

「社内ニート」という日本の中でしか存在しないような言葉があるが、一九七〇年代後半～八〇年代に流行った「窓際族」（注2）という言葉に少し似ている。どちらも会社の中のメインストリームにいられない存在を指す。

とはいえ窓際族という言葉が流行った時代に、窓際族の当人は「出世できない」とは思っていただろうが、「労働者と思えない」「社会人とは思えない」と悩んでいたとは思えない。しかし「社内ニート」という言葉は会社にいながらも「何もしていない」相手をあるいは自分を貶めるときに使う言葉で労働者としてのアイデンティティは崩壊しかけている、そこは「窓際族」と似て非なるものだ。同じように仕事をしていないとはいえ窓際族から社内ニートと言葉が変わった背景には、終身雇用制から非正規雇用の増大、それに伴い企業内教育を行う必要のない即戦力を求める企業の増加という社会の変化が色濃くにじみ出ている。また冒頭に引用した田中美津はどこにいても「異邦人」という無気力さにつらさを覚えていたとあるが、「勤務そのものは楽だったし、『気楽な稼業』（注3）とまではいかないものの、「働く」ということがイヤだった訳では決してない」とある。いまの労働事情においては楽な仕事というものは減少しているし、「働くことがイヤだ」とは多くの人が感じているにもかかわらず、その表明はかなりタブーとなっている。

この社会は「仕事をして生計を立てるのが当たり前」となっているけれど、最近は仕事をゆっくり確実に身につけられる職場が減ってきていると感じる。それに加えて仕事で求められる能力が確実に高くなり、仕事ができる人はますます仕事を抱え、仕事ができない人は「社内ニート」となり、それにいたたまれず仕事を転々とするといったことが起きている。その結果、負わされる仕事量においても格差が生じているのではないか。仕事を負わされる側の人はその仕事量に比例して賃金が増加するわけではないので、正直誰にとっても幸せではない状況が起きているように思う。

古い話で恐縮だが、私がかつて勤めたことのある某郵便局を思い出す。私が十代だった一九八〇年代は郵便局の仕分けの仕事は手作業で行っていた。しかしその後九〇年代後半から大きな郵便局では機械が導入され、機械を扱う技術と、機械のスピードに合わせられる反射能力が必要になった。さらに郵政民営化後、年賀状の売れ行きが下がっていることもあり、非常勤であっても職員が冬の寒さにさらされながら年賀はがきを販売するようになった。

ハラスメントのことなどを考えれば昔がよかったなどとは全く思わない私だが、それほどスピードを求められず、ゆっくり慣れていけばいいような仕事が確実に減っていると思う。さらにインボイス制度などが導入されると、ちゃんとインボイスの登録番号が入っているかどうかの確認といった事務作業が増加し、そのようなこまめなチェックができる人とできない人とで、ますます仕事量や能力の差が大きくなるのではないかと思う。

さらに、今の私は単一の仕事で自分の生計を賄っていない。執筆業や塾講師、掃除のバイト、役所の受付など四つくらい同時に仕事をしていたことがある。ダブルワーク、トリプルワークどころの話ではない状態だ。しかもどの仕事もそれだけで生活を支えられる収入ではない。いまだに生計の額だけ見れば全部が副業みたいなもので、それら副業を足し算して今もなんとか生計を立てている。

低賃金だからこそダブルワーク、トリプルワークになる。しかし低賃金という問題だけではなくどの仕事もアマチュアというか、「仕事人」みたいな感覚が皆無というアイデンティティの問題も生まれると思う。

たとえば「プロフェッショナル」という言葉がある。私はこの言葉がひどく苦手だ。作家や芸術家などで「プロフェッショナル」というとたいていそれで「食べていける」人を指す。いわゆる腕一本で食べていっているような人が「プロ」と呼ばれる。現実は、著名な作家であっても大学の教師になったりと物書きだけで食べられる人は本当にごく一握りだが、「プロ」という言葉を聞くとその仕事だけで生計を立てるようなイメージがある。

ロック歌手の忌野清志郎の死後に出版された『ロックで独立する方法』（注4）という本がある。その帯には「自分の両腕だけで食べていこうって人が、そう簡単に反省しちゃいけない」と書かれている。この一文はプロフェッショナルという立場の人間であるからこそ、自分の感性を信じてすぐに人の言うことを真に受けて悩むな、ということだろう。何かあれば自己責任を迫る社会のメッセージとは真逆と言える。だが、ここに

「自分の両腕だけで食べていこう」という条件がつくことによってまるでイメージが変わってしまう。選ばれし「両腕だけで食べていこうって人」だけが簡単に反省しないで生きる資格があるのだという話にも聞こえてしまう。それによって彼のこの言葉は社会を撃つ力を失ったように思えてならない。

日本の社会は正社員の働き方が労働者モデルだと何度も書いているが、それは一つの仕事で生きていけることを前提に労働法や税金制度が組まれているともいえる。フリーランスかつプロフェッショナルで生きていけることをよしとしている風潮の一つに、その技術の高さというだけでなく、一つの仕事だけで生きている姿が労働者モデルである正社員に近いからではないか。

とはいえ今の日本社会はさらに複雑で「副業」を勧める動きもある。

労働時間の短縮を勧めるイメージが強い「働き方改革」であるが、副業を禁止している企業には、競合する会社でない限り労働者の副業を認めるようにと政府は促しているのだ。

なぜ副業を勧めてきているのか。厚生労働省の「副業・兼業の促進に関するガイドライン」(注5)を確認したい。まず副業・兼業の現状として「副業・兼業を希望する者は年々増加傾向にある。副業・兼業を行う理由は、収入を増やしたい、1つの仕事だけでは生活できない、自分が活躍できる場を広げる、様々な分野の人とつながりができる、時間のゆとりがある、現在の仕事で必要な能力を活用・向上させる等さまざまであり、また、副業・兼業の形態も、正社員、パート・アルバイト、会社役員、起業による自営業主等さまざまである。」と語っている。「収入を増やしたい」そして「1つの仕事だけでは生活できない」ために副業というかダブルワーク、トリプルワークをしていることと、「自分が活躍できる場を広げる、様々な分野の人とつながりができる」ために副業をしている人、あるいは「時間のゆとり」があるため副業を持つなど全く背景が違う現状があるのに、それを「副業」としてまとめてしまうのだ。

本当は体が弱くてフルタイムの仕事ができないにもかかわらず、賃金が低くてパートタイムであちこち仕事をしていることまで「自己実現」と表現するのも無理がある。

企業側にとっての副業推進のメリットとしてこのガイドラインで挙げられているのは「労働者が社内では得られない知識・スキルを獲得することができる」「労働者の自律性・自主性を促すことができる」「優秀な人材の獲得・流出の防止ができ、競争力が向上する」「労働者が社外から新たな知識・情報や人脈を入れることで、事業機会の拡大につながる」——なんというか本来ならば企業が主体的に努力しなければいけないことを「副業する個人」に押し付けているような気がする。まあ、私のような心身の調子ゆえにフルタイムで働けないで結果副業的な仕事ばかりしている、という人は眼中にないことがわかった。このガイドラインの中には私は存在しない。プロフェッショナルというものにも自分を見出せなかったが、この副業ガイドラインにも自分を見出せない。そうか、労働者のイメージの中に自分を見出せないこともまた、「働いているけど、働いてない」ように感じるゆえんなのかもしれない。

しかし現実には、賃金が低かろうが、企業の望むような生産力の高い人間ではなくても、少しの時間だけでも「働いている時間は働いている」という事実をみとめたほうがいいのかもしれない。あるいは、仕事をしていてもなかなか覚えられなかったり、求められる能力が高すぎて「働けない」状況があったりすることを、もっと可視化、問題化させていきたい。その際、仕事ができない個人に焦点を当てるのではなく、その仕事の環境や労働者を取り巻く状況を浮き上がらせたい。

働いているけど、働けてない——いわゆるプロフェッショナルでもなく、「誰でもできる」とされる仕事もできず、労働者のアイデンティティを感じることができないゆえに、現在の労働が求めるものの高さを浮き彫りにもできる。ちっぽけな私のコンプレックスも、現在の労働状況をも同時に考えることで、システムの矛盾や罠、そして時代の変遷など見えてくることもあるのだ。

（注1）田中美津『いのちの女たちへ——とり乱しウーマン・リブ論』初版は一九七二年、田畑書店より発行。
（注2）二〇二三年に公開された黒柳徹子原作の映画『窓ぎわのトットちゃん』は、自分自身が最初の学校では廊下によく立たされていたという当時の先生の話と同時に、当時流行っていた「窓ぎわ族」という言葉を題名にしたと「あとがき」に記載されていた。黒柳徹子は最初に入った学校を「退学」させられた。その学校の中での居場所のなさ、歓迎されていない状態を「窓ぎわ」という言葉で表現したと思われる。
（注3）戦後の高度成長期に人気を博したコミックバンド「ハナ肇とクレイジーキャッツ」の曲『ドント節』（作詞：青島幸男、作曲：萩原哲晶）の「サラリーマンは　気楽な稼業と　来たもんだ　二日酔いでも　寝ぼけていても　タイムレコーダーガチャンと押せば　どうにか格好が　つくものさ」からきている。一九九五年、青島幸男は「世界都市博覧会の中止」を公約に掲げ都知事に当選。都市博覧会は公約通り中止したが、新宿駅から都庁に行く地下道に住んでいたホームレスの人々を追い出し、「動く歩道」を設置したことも明記したい。リストラ（解雇）が吹き荒れた時代、サラリーマンからホームレス状態になった人もいただろうに、と思う。
（注4）忌野清志郎著『ロックで独立する方法』初版は二〇〇九年、太田出版より発行。
（注5）厚生労働省「副業・兼業の促進に関するガイドライン」平成三十年一月策定（令和二年九月改定）を参照。

不労所得——あるいは「稼ぎ」が目的ではない仕事

この本ではずっと働けない、働きたくない、働くのが困難だという立場から仕事について考えてきた。仕事を休んだり、辞めたりしながらも、ぼちぼちと仕事をしてきた自分の人生そのものだったからだ。

しかし、この社会は……というか「資本主義社会」は労働者が中心の社会ではない。中心、あるいは上の立場とは何者かというならばズバリ「資本家」とか「投資家」といった人々だ。しかし、どうにも、資本家という存在がぴんと来ない。株というものにも縁遠い。「投資」とはもともとお金に余裕がある人間がやるものだからだ。

証券会社などが主催する「投資入門」的なセミナーはたくさんある。以前「投資入門」セミナーの受講条件を確かめると、その参加条件は「年収五百万円以上」とあった。

投資は株価が下がってお金を失う危険があるわけだからある程度の余裕がなければできない行為だ。ギャンブルだって理性的な人は○○円以上は賭けないと決める。投資も同じ理由で、かつかつの生活をしている人が手出しできるものでもない。

金持ちは給料の多寡で差が生まれるのではない。株価の上昇あるいは下落で収入が決まる。二〇二四年四月一日にForbes JAPANが発表した「世界の富豪トップ10」という記事（注1）を見ると、「彼らの資産の合計は1兆5900億ドル（約240兆円）で、一カ月前から280億ドル（約4兆2000億円）増加している」とあるが、そんなこと給与で起こり得るはずがない。

ちなみに二〇二四年四月の時点で資産額のランキングは以下の通りである。

1. ベルナール・アルノー（LVMH）／二千二百六十二億ドル（約三十四兆円）
2. ジェフ・ベゾス（アマゾン）／千九百八十四億ドル（約三十兆円）
3. イーロン・マスク（テスラ、スペースX、X）／千九百五十三億ドル（約二十九兆円）
4. マーク・ザッカーバーグ（メタ）／千七百三億ドル（約二十六兆円）
5. ラリー・エリソン（オラクル）／千五百五十二億ドル（約二十三兆円）

6. ウォーレン・バフェット（バークシャー・ハサウェイ）／千三百八十六億ドル（約二十一兆円）
7. ビル・ゲイツ（マイクロソフト）／千三百十三億ドル（約十九・七兆円）
8. ラリー・ペイジ（グーグル）／千二百六十億ドル（約十八・九兆円）
9. スティーブ・バルマー（マイクロソフト）／千二百四十五億ドル（約十八・七兆円）
10. セルゲイ・ブリン（グーグル）／千二百十一億ドル（約十八・二兆円）

ＧＡＦＡ（アメリカの大手企業であるGoogle/Amazon/Facebook/Apple四社の頭文字。Facebook社はMetaに名前が変更したのでＧＡＭＡというべきか）の名前がならび、一位のＬＶＭＨはエルブイエムアッシュ モエ・ヘネシー・ルイ・ヴィトン。化粧品やファッションなどを手掛ける多国籍企業の「ラグジュアリー産業」であり、複合企業体（コングロマリット）である。傘下にあるブランドはルイ・ヴィトン、ディオール、ジバンシィ、フェンディと私でも知っているようなブランドの名前が続く。これらのブランドが一つの会社のもとにあるとはびっくりである。それこそヨーロッパの貨幣がユーロに統一された話じゃないが、これらブランドも一つの会社のもとに結成し、生き残りをかけているのだろう。

上記の記事によれば「4月1日の株式市場の取引開始前の時点で、（アマゾンの）ベゾスの資産は1984億ドルで世界2位、（テスラ・Xの）マスクはそれより30億ドル少ない1953億ドルで3位だった。マスクの資産は主にテスラの株式で占められているが、同社の株価は2024年第1四半期に29％下落し、（略）テスラの株価は3月だけで13％下落し、マスクの資産から140億ドルが消え去った」という。株価によって、失われる金額も半端じゃなくどこかの国の国家予算並みなのだが、これだけの金を失ってもイーロン・マスクが貧窮するということはない。

なによりこの資産の中には、労働による収入という話は全くない。

ちなみにこのランキングにはないAppleの話をすれば、今は亡きスティーブ・ジョブズは部下へのハラスメントが酷く、社長でありながら解雇されたという事件がある。その後再びアップルに戻ったが、アップルからの給与は年間一ドルだったそうだ。美談のように映る話だが、ジョブズの遺産相続のニュースによれば、主にアップルとディズニーの株による純資産は二百七億ドル（約二兆二千億円、二〇一一年当時）である。年間給与一ドル云々なんて話はパフォーマンスでしかない。

さんざんこの本では日本社会における「日本人シス異性愛男性健常者」の優位性を語ってきたが、このランキングでも見事に男性ばかり、しかもいわゆる「白人」（に見えるような人々）しか存在していない。アイデンティティポリティクスと、富の分配という政治（ポリティクス）が切断不可であることを突き付けられる瞬間だ。

それにしても、こんな金持ちの生活や、株価で生きていられるありかたについてまるでぴんと来ない。金が多額過ぎるし、そんな金持ちは私の周囲にまるでいないからだろう。怒りが金持ちや富裕層に向かわず、生活保護受給者や主婦層などに向かう理由の一端が垣間見えた気がする。桁も規模もでかいと怒りが向かいにくいという人間の卑小さも、考えたい課題であり、私もその卑小さのただなかにいる。

上記のごとく金持ちが金持ちたるゆえんは給与ではなく株式などの資産である、ということを生々しく感じたのは、皮肉なことに物語、しかもBL小説を読んだときだった。『流浪の月』（東京創元社、二〇一九年）という作品で第十七回本屋大賞を取った作家凪良ゆうは、多くのBL作品を描いているが、『積木の恋』（二〇一一年、プランタン出版）という作品がある。貧しい家に生まれた薄倖な美青年の詐欺師とその青年に騙されたことがわかりながらもなおも好きであり続ける裕福な研究医の男性が登場する物語だ。（元詐欺師と研究医は紆余曲折の末一緒に暮らすことになるのだが、その際に研究医の収入について、元詐欺師の青年の視点で以下のような記述がなされている。

「大学から出る給料は、これでどうやって生活するんだとびびるほど少なかったが。加賀谷（登場人物である研究医の名前）名義の不動産や株からの収入が半端ではなかった」

自分で稼ぐ額は少なくてもいいほどの資産がある、ということで連想したのは天皇徳仁の一人娘愛子（敬称略）が日本赤十字社に嘱託職員として働きだしたという話だ。皇室所属で営利企業で働くことは想定されていない現状ではあるのだろうが、嘱託職員で働く姿に賃金を気にしなくてよい様子が透けて見えてしまう。

小倉千加子が『結婚の条件』（二〇〇三年、朝日新聞社）で専業主婦（いわば生活費は違う人が稼ぐ）の中のトップにいる人は「働くことにお金を消費することが許される」立場、あるいは「『自己実現』のための仕事をする『依存プラス自己実現コース』」にいる人だと語っている。

ここで注意したいのは小倉の本は就職氷河期に関する言及はない。そしてリーマンショック／派遣村も、東日本大震災も、#MeToo運動も、そして今の円安も経験していない時代のものである。専業主婦への憧れが主題の小倉が二〇二四年現在の主婦の状況をどこまで言い当てているかは疑わしい。少なくとも私の周りで専業主婦という立場にいる人は、心身の調子が悪い人が多く、自分のアイデンティティが専業主婦にあるのかも謎でもある。だが、「仕事が賃金のためではない」ということがいかに「優雅」なことかは、金持ちの資産の話をすると見えてくるとは思う。

ちなみに物書きという仕事で、（いわば私のように）「好きなことを書いて」、それだけで生きていくなどということは困難である。私が仕事をしたくないとか、仕事がイヤだといいながら賃労働で働いてきたのは、くしくも「物書き」あるいは「社会運動」をしていたゆえでもある。物書きだの、社会運動だのと時間を食う割にお金には結びつかないという意味で「優雅」なことをやってきてしまったのは皮肉な部分もある。その無理が心身不調につながってしまったのかもしれない。しかし本が売れようが売れまいが——そしてこう思ってしまうことがすでにある種の優雅さにつながるのだが——、私は「書いてしまう」。こうなると命がけの自己実現というべきか。そもそも実現したいものははたして「自己」なのかもわからない。私はだらしない人間ではあっても民主主義社会というものを目指すということを、バカみたいに信じてきたフシがある。全ての人間は人権を持ち、そのような存在として対等でありかつ公平であるべきで、そのような社会の実現に向けて「不断の努力によつて、これを保持」（日本国憲法第十二条から一部抜粋）するための「努力」といったほうがまだピンとくる。自分個人のためだとか、具体的な他人のためというにはなんだかズレている気がする。仕事は食べていくための大前提だと思っているが、書くことに関して言えば私にとっては魂のレベルで必要なものなのに、安定して生きることからは遠ざかる運命にも導いていくのである。

話は逸れたが、株の配当金や不動産収入などで稼ぐという行為について、「不労所得」と呼ぶ言葉がある。

その不労所得のなかに「利子」がある。今の日本はバブル期などに比べたらないにも等しい利子だからこそＮＩＳＡだｉＤｅＣｏだと少額投資が流行っている。

私は多額の株も土地も持っていない人間だが、この本を書くにあたり少しでも株について知ったほうがいいと思い、百円から積み立てられるＮＩＳＡをPayPayアプリをスマホにインストールしてトライしてみた。

二〇二四年八月五日に日経平均株価が過去最大の大暴落、四千四百五十一円安の三万千四百五十八円四十二銭で取引終了したというニュースが流れた。世界的に株価が大暴落したいわゆる「ブラックマンデー」の翌日に当たる一九八七年十月二十日に記録した三千八百三十六円四十八銭安を上回り、過去最大の下落となったという。

私のＮＩＳＡも、なにぶん額が一万円もいかない額だからだとしても株の下落に感情がなぜか動かない。もはや子ども銀行とか、億万長者ゲームみたいな話をしている気分だ。

しかし私がＮＩＳＡや、株価などに今一つ身体や気持ちが向きにくいのは深沢七郎著『人間滅亡的人生案内』（河出書房新社、一九七一年）に妙な影響を受けているからかもしれない。『楢山節考』『笛吹川』を書いた作家である深沢七郎が『話の特集』（注2）という雑誌で一九六七年九月から一九六九年十一月まで連載した身の上相談のコーナーをまとめた本である。

この身の上相談コーナーが本当に人を食った内容で「人生で夢中になれるものがなく、生きるに値するような何かが発見できますでしょうか」（大意）という相談に対して深沢は「なんにも考えないで、なんにもしないでいることこそ人間の生きかただと私は思います。ただ、生きていくには食べなければならないのです。だからお勧め仕事もするのではありませんか。仕事をすることは食べること以外に意味を求めてはいけないのです」といった回答をしている。

あるいは、「今の生活は死ぬのが恐いから、だから生きているって感じでつまらない」という相談には「生きていることは死ぬのが恐いからは満点です」と答える。

さらには「私は自分を理解し、必要としてくれる人間がほしいのです。（略）生きていることは悲しいことです。だから私を慰め、一緒にやけ酒飲んでくれる人がほしいのです」と書かれているのに対し、「なんというバカげた考えを持っていることでしょう。自分を理解し、必要としてくれる人間などツマラナイ男です。女を理解するなんて男はロクな男性ではありません。そんなことを言う男があったら嘘ッパチです。（略）人間は食べて、ヒって、寝ればいいのです。ヒる作用には性欲もあります。性欲は食う作用でもあります。若い者——男も女も、性欲は貪《ドン》欲でいいのです。うんとめしを食って、うんと男と遊んで、うんと寝ることです。慰めてもらってはいけません。女にとって男はモテアソブ道具だと思えばいいのです。男も、女はそういう道具だと思っていていいのです」といった回答が連発されるのである。自己責任やら自己実現という言葉の嘘っぱちにイラっとしていたゼロ年代、まだ人を食ったこれらの回答のほうがマシだと思っていた。いわゆる両性の平等というものもなかなかに達成できないと思ったので、この答えが文字通りの意味ではいいとは思わないものの、この人を食った回答にある種の真実を感じていた。そんな深沢七郎が人を食っていないというか、本気で怒っているのが唯一、下記の相談だった。

「私は何もしておりません。別にしたい事もございません。（略）『話の特集』を買うほどのお金と日々のパンがあればよいのですが、何もせずに、もちろん、乞食（ママ）なども せずに天からお授け願えるというわけにはいかないものでしょうか」という相談者に対し、「なにもしないで、乞食（ママ）などもしないで天から生活費をお授け願いたいということは恐ろしい考えです。つまり、あなたのような考えかたの者が、それを実現させるために、人間を利用して、自分だけは遊んでいて、他の人間に働かせて生活することを考える、恐ろしい人たちになるのです。だから、あなたのような恐ろしいことを考える者が資本家になるのでしょう。資本家でさえもその土台をきずくまでには凄く努力します。有難いことにはあなたは恐ろしい考えを実行する努力もしないのだから、不幸のなかの幸です。てめえの食うだけは働くのです」とひどく怒っているのである。

正直、私は自分の食うだけを働いているかどうかは疑問な人間で、この言葉をそのまま受け取ったわけでもない。ただ「人間を利用して、自分だけは遊んでいて、他の人間に働かせて生活する」人間になりたくないのも事実だった。あるいは己を食べさせるために働くのではなく、誰かに文句を言われないために働くというのも変だと思った。かくいう深沢七郎はラブミー農場を開き、深沢の本のラストにはなんと当時の深沢の住所さえ掲載されている。

でも彼の「不労所得」への考え方は思いがけず私の奥底にしずみこんでいたのかもしれない。私は働きさえすれば一人前だとか、偉い人とかいう「嘘」もいやだが、深沢七郎のような怒りを「資本家」に向けていきたいと思う。もはやそれは深沢の怒りではなく私の怒りではあろう。世界の富豪ランキングの膨大な資産額を目にしながら、「人間を利用して、自分だけは遊んでいて、他の人間に働かせて生活すること」と奇妙に優雅な「稼がなくて済むからこそやれる奉仕的活動」には敏感でありたいと願うのである。

（注1）「世界の富豪トップ10（2024年版）、1位はLVMH会長で資産34兆円」Forbes JAPAN（フォーブスジャパン）公式サイト　https://forbesjapan.com/articles/detail/70067

（注2）矢崎泰久が編集を行い、デザイナー和田誠、放送作家永六輔、俳優伊丹十三、美術家横尾忠則などが登場する、ミニコミ誌の草分けといわれる。

ポイ活——消費の導火線、あるいは労働の残滓

ポイントという言葉、というか存在。この十年ほど聞かない日はない。たいていのお店で「ポイント貯めますか」と訊かれるし、カードやスマホのアプリは次々と作られている。かつてのTポイントであるVポイント、楽天ポイント、ドコモのdポイント、あるいはローソンのPontaポイントや、セブン-イレブンのnanacoにファミリーマートのファミペイ、PayPay、JR東日本のJREポイントなど多くの会社でポイントサービスを行っている。十年くらい前はTポイント無双状態だったが、いまや群雄割拠状態である。

買い物をすれば貯まり、ある程度貯まれば使用するというイメージのあったポイント制度だが、いまやどんどん複雑化している。買うタイミングや品物によって獲得できる

ポイント数が変わる。あるいは宣伝の動画を見るとポイントが得られる。さらには企業のアンケートサイトへの回答、銀行への預金やクレジットカードの入会、さらに友人の紹介などをすれば、相当なポイントがゲットできる。最近は各種公共料金の支払いまでできるようになってきている。そもそも中国や韓国では現金で払うという習慣がほとんど消えて、ほぼ電子マネーだとも聞く。

さらにこの電子マネーとポイント、私は今まで深く考えずにどちらも似たようなものと恥ずかしながら思い込んでいた。

しかし電子マネーはSuicaに代表されるように先に普通の貨幣（お金）をチャージして使うもの、それに対してポイントは「商品・サービスを購入した際に、支払額の一定割合に相当する分を付与する」といった形で運用されているものだという。この〝付与〟がミソである。ポイントはうまくお金を使ってポイントを増やす点に意味がある。こんなことは私がここで言うまでもないことだろう。だが、このような無数にあるポイントの獲得の仕方を理解し、ポイントをどの店でどのタイミングで貯め、あるいは使用するとお得なのかを知り、実践することを誰ともなく〝ポイ活〟と呼ぶようになった。アンケートに回答したり、またはただ歩いたり、あるいはレシートを撮影するだけでポイントに変換できるようなスマホアプリも存在している。そして外でフリーアクセスできるWi-Fiでポイ活をしていた時、映画『パラサイト』でもこんなシーンはあってもおかしくないと我ながらギョッとした記憶がある（注1）。

「活」のつく言葉は怪しいと堅田香緒里による『生きるためのフェミニズム』（タバブックス、二〇二一年）に記載されていたことを思い出す。そんな怪しさにどっぷり身も心も浸かっている私ではあるもののポイ活の怪しさとはなぜ現金ではなくポイントというかたちで利益を与えようとするのかというところにあると思う。

私がポイント制度というものに深い疑いを持つようになったのは、政府が二〇二〇年に「マイナポイント」事業、つまりマイナンバーカードの普及のためにポイントを使った時だ。二〇二〇年のみならずその後何度かこのマイナポイント企画を実行したが、考えれば考えるほど理不尽な気持ちになる。

というのももともとマイナンバーカードは強制的なものではなかったはずで、マイナンバーカードを自ら申請して持とうとする人は少なかった。しかしコロナ禍において給付金申請のためにマイナンバーカードを作った人は多くなった。カード普及にさらに勢いをつけたいがための「マイナポイント」事業だった。すなわちマイナンバーカードを作った人に「ポイント」を付与するというこの制度になんとも違和感があった。マイナンバーカードを作るのに「ご褒美」みたいな形で与えることにも違和感はある。しかもマイナポイントは、マイナンバーカードを作った人に対して自動的にポイントがつくのではなく、あくまで何か買い物をしたりチャージをした時に初めて（普通よりも多く）ポイントがつくという事実に違和感を覚えた。というのもコロナ禍で仕事もなくなっている人も多い中で、それでも消費させたいのかと、愕然としたからだ。ポイント獲得とは「はじめに消費ありき」でスタートするものだ。パート労働者などがクビを切られ食うに困る人もいた現実と並行して消費によって得られるポイントを推進するという政策の無情さをまざまざと感じた。

私は原家族が労働者階級（日本は階級制じゃないはずなのだが、私としては自分の家族や生育歴を思うとこの言葉が頭に浮かばずにはおれない）であり、働くことが「当然」という環境で育った。そんな環境で育ったくせに、自分は要領がわるく不器用なために労働に慣れず四苦八苦した。それでも私にとっての金を得る手段とは「はじめに労働ありき」であるというねじれた事態こそが私の人生だった。しかし、本章「不労所得――あるいは「稼ぎ」が目的ではない仕事」（一八九ページ）で触れたように、今の資本主義社会の経済活動の本流は「投資」、J・ケインズのいう「美人投票」活動(注2)であり、これこそが多額の金銭を儲ける方法である。その投資でお金を稼ぐまではものすごい努力がいる場合もあるだろうが、それこそどこぞの九州あたりの「華麗なる一族」(注3)ならば生まれながらにそのような不労所得の金銭があるのだろうし、私のような賃金を得るために「はじめに労働ありき」という感覚は、現代社会では金融リテラシーの低い人間となるだろう。

Amazonを使うと気が付かぬうちに貯まっているAmazonポイントを自分が使っており定価より十円くらい安く入手できる時がある。「ちょっと儲かった」と思わないわけでもないが、そこでふと立ち止まる自分もいる。

私はかつて最低賃金を決める自治体の審議会で、時給を上げる必要性について語ったことがある。その審議会ではそれこそ最後の一円、十円単位の時給額を決定するための攻防が労使間で繰り広げられる。一円、十円単位の時給を上げる上げないに審議会まで開くのに、しれっとAmazonで買い物をしたらポイントがついて安くなるとはいったいどういうことなんだろう。なぜこのポイントは私個人の努力はなくても得られ、仕事の賃金はものすごく労力をかけなければ上がらないのだろう。

このポイントの胡散臭さや怪しさを先駆的に描いたSFがある。星新一の「景品」というショートショート作品だ（注4）。

星新一のショートショートでよく出てくるエヌ氏ではなく、ラーム氏という人物が主人公である。彼の妻は買い物をすると嬉しそうに「サービス券」をもらって帰ってくる。そして各社のサービス券を「トランプのように手で持って」（アプリができる前にさまざまなポイントカードがあった時代を私は想起してしまった）、「部屋の片すみにある銀色の機械」の「各所にある穴に、なれた手つきでつぎつぎと」差し込む。すると機械は「各社で出しているサービス券を、正確に整理、分類し、報告する」というのだ。すると「リンリンと涼しげなベルの音が」鳴りたとえば「M化粧品の券が一杯」になったことがわかりそのサービス券によって「電子乾燥器……豪華花瓶……三泊旅行」が得られるという仕組みである。細かいところは違えども、消費することでさらなる消費を促すこの装置に既視感を覚えるのは私だけだろうか。

さてこの話の白眉はラーム氏が「ヘミングウェイ全集」を欲しいと言い出すところから始まる。ヘミングウェイ全集はこの機械装置によれば「キャンデーをあと五箱、あるいはココアを三缶」購入したサービス券を装置に入れれば入手できるという。だがラーム氏は「おれはヘミングウェイを読みたくなったが、キャンデーの景品としてもらって読みたくはない」と語る。かくして純粋に「ヘミングウェイ全集」をサービス券を介さず、金銭を払って直接購入をするべく行動する。そして「景品として以外に売る時には、とても割高にしなければならない」とヘミングウェイ全集を作成している会社の担当者は語るのだが、それでもラーム氏は問題ないと言って購入する。「胸がすうっとした。なにか欺瞞《ぎまん》にみちた世の中に、一発くらわせてやったんだから」と語り「快心の笑い声をたて」ヘミングウェイを読もうとするのだが……。

さて、このオチがどんなものかに関心がおありの方は、実際に星新一の本を読んでほしい。初めてこの作品を読んだ時、私は小学生だったはずだ。確かに私が小学生時代も「景品」やそれを獲得するための「サービス券」は存在していたが、まだまだ今に比べればネットもなく牧歌的な時代だった。それでもこのＳＦの読後感は非常に衝撃的だった。物語上とはいえ、社会システムから逃れたり、距離を置いたりすることの困難を初めて味わった経験だった。ラーム氏はヘミングウェイ全集を求めたが、おそらくその全集に掲載されているだろう「老人と海」の主人公が必死にカジキ漁をして大量に漁ったカジキをサメに食われてしまうような徒労感をきっと味わったことだろうと、思い返したこともある。そしておそらくこの時代あたりから、マーケティング対策として「消費」が、そして実際に消費を行う「主婦」が注目され出したのだろう。

消費こそが金を生み、投資活動を支える基本という流れは止めようがないのかもしれない。しかしその「消費」活動だけに目を向けて「労働」いや「労働者」という存在を軽視しているように思う。家事などのシャドウワーク、エッセンシャルワークについて、そのような感覚を抱いてきた私だが、今や労働全体が投資を支える影のような扱いとなっているように思えてならない。消費ありきの経済活動について考えると、働かない／働けないで悩む自分自身はそれこそ「老人と海」の主人公のように随分と悲しい努力をしているのだろう。

（注1）実際の映画『パラサイト 半地下の家族』（ポン・ジュノ監督、二〇一九年）ではポイ活をしているシーンはないが、半地下にある家の中でフリーアクセスできるWi-Fiを探し歩いているシーンはある。そしてWi-Fiを探しながらピザの箱の組み立ての内職を依頼する相手とチャットアプリを使って連絡をする。日本以上に電子マネーが普及している韓国ならば、部分的にでもポイ活が描かれている映画があってもおかしくないと思う。

（注2）J・ケインズはイギリスの経済学者であり、実際に名うての投資家でもあった。彼が投資家の行動を説明する言葉として使用したのが「美人投票」というたとえである。プロの投資家とは美人投票をする際に自分の好みの人に投票するのではなく、みんなが美人だと思う人に投票するようなものだという。しかしこのようなやり方が行き過ぎると、現実的な雇用や生産などの物価が決まるのではなく、投票者、もとい投資家の思惑だけで物価等が決まってしまう。

（注3）私はここでは、麻生太郎と彼の一族をイメージしている。リーマンショックとほぼ同時期二〇〇八年九月に麻生太郎内閣総理大臣着任に伴い「麻生太郎邸へのリアリティツアー」が企画され、実際に麻生邸を訪れようと集まった人々三人が不当逮捕（のち不起訴）されるという事件があった。麻生太郎邸は渋谷区神山町にあり、敷地面積約二千坪と言われている。だが彼の政治基盤である九州の麻生家を見た知人に聞くところによると「山ひとつ」まるまる家で、まるで城のような邸宅だったという。ちなみに麻生一族はアソウ・ヒューマニーセンターという派遣会社を運営している。麻生太郎のみならず多くの政治家二世（以降）や経済界のトップ二世（以降）も同類だとは思う。

（注4）星新一著『宇宙のあいさつ』（新潮社、二〇一二年。ただし初版は一九六三年のハヤカワ・SF・シリーズである）内に収録。

おわりに

とうとうこの本も幕を閉じる。連載をしていた時と、私の労働事情は少し異なってきており、労働に関する考え方もさらに悩ましいものとなった。マスメディアからのインタビューで「将来に不安を感じることはないか」と尋ねられることがある。そのたびに「契約が短期で終わる人間は将来なんてものを考えられない」とよく答えていた。自分は不安定労働者でもあるが、自分の感性そのものも不安定だとつくづく思う。

「はじめに」で書いたように、労働に関してはポジティブでもなく、またいまある労働をぶん投げてあたらしい世界を作ろうというタイプではないのは変わらない。だが、今は労働に関する逡巡にもう一つ種類が加わった状態となっている。

それは……「この仕事は楽しいが社会悪をいやが上にも意識する」といった気持ちだ。

実は二〇二四年の三月から私は個人塾の講師というアルバイトを始めることにした。

肉体労働するには体力が衰えてきたこと。またいわゆる「主婦」でなく、扶養されていない独身五十代になっていよいよ月～金のフルタイム事務は雇われてもパートタイム労働はなかなか雇われなくなったのだ。

私は今まで触れてはこなかったが、「先生」と呼ばれる仕事、とりわけ学校教育に関連する場所で「先生」と呼ばれる仕事を忌避し続けた。不登校をした経験は大きく、どんなに勧められても（そして大学の単位は山のように取っても）教職課程の単位だけは頑なに取らなかった。

生活のためという以外に塾講師を選んだ理由はもう一つある。二〇二四年五月に拙著として『ハマれないまま、生きてます――こどもとおとなのあいだ』（創元社）を出版したが、これは十代の人を読者層の中心に据えたシリーズだ。

そもそも十代の人にものを語るという行為が偉そうである。本を書こうと、言葉を出そうとするたびに、他の人がそういうことをするのはともかく、自分が十代に向けて語るとは、なんと驕りたかぶった行為なのかとためらいを覚えた……だが、契約を反故にするわけにもいかず大人となってもひたすら不安定でぶざまな自分を晒すことで、なんとか辻褄を合わせることにした。しかし、仕事として先生と呼ばれようと呼ばれまいと、私はすでに「偉そうなこと」をしたと思えてならなかった。偉そうな自分の要素も引き受けようという気持ちで、塾の講師になったのである。

そしてここに至り新たなステージと感じた理由は私が先生を仕事とし、生徒と呼ばれる若い人と話すのは嫌いじゃなかったという点である。

自分の十代を思い出せば教師に心を開かない生徒など当然である。ゆえに全然目を見ようとしない生徒や勉強しようとしない生徒に出会ってもあまりびっくりもしない。そして普段会わない年齢層なので単純に面白い。

それに私がおっちょこちょいの人間であることは生徒にバレており、取り繕えないということもわかったのはとてもよかった。

とはいえ競争的な教育、同質性を求める学校の本質はそれほど変わってないようだ。私個人は楽しくても「この仕事はなんなのだろう」という問いが消えることは決してない。今度はそういう煮え切らなさに向き合っているところである。そして「先生」という仕事に魅力を感じれば感じるほど、あるいは生徒の人が私の話を楽しげに聞いてくれればくれるほど、権力を行使しているとも感じる。教師という仕事はセクハラやパワハラを起こしやすいということもよくよくわかる。信頼を寄せている相手に対してこそ、暴力は振るいやすいものだからだ。

　この社会が完全に美しいものでない限り、この仕事や労働が美しいものだなどと私は決して思えない。しかし死ぬまでこの世界から逃れられない以上、どうやったらこの煮え切らなさをぶん投げず、思考停止にならず生きていくか。そんなことを今考えている。そしておまけにこの塾講師の仕事だけでは私は完全に生活を賄いきれず、そういう意味での不安定は相変わらずというのもお伝えしておこう。

　そんなさまざまな煮え切らなさをぶん投げられない、ぶん投げたくないと考える人がひとりでもいれば、嬉しく、そしてありがたい。その感謝の気持ちを込めて……それは平凡社の担当編集者の野﨑真鳥さんや、その他流通、書店などでお世話になる人を含めて、感謝の気持ちでこの本を終わりたい。

栗田隆子

初出＝「ウェブ平凡」二〇二二年十月〜二〇二三年十二月掲載
「「怠け者」列伝」
「働いているけど、働いてない」
「不労所得――あるいは「稼ぎ」が目的ではない仕事」
「ポイ活――消費の導火線、あるいは労働の残滓」
……書き下ろし

栗田隆子（くりた・りゅうこ）

文筆家。1973年生まれ。大阪大学大学院で哲学を学び、シモーヌ・ヴェイユを研究。その後、非常勤職や派遣社員などのかたわら女性の貧困問題や労働問題を中心に新聞・雑誌などで執筆。著書に『ぼそぼそ声のフェミニズム』（作品社）、『呻きから始まる　祈りと行動に関する24の手紙』（新教出版社）、『ハマれないまま、生きてます　こどもとおとなのあいだ（シリーズ「あいだで考える」）』（創元社）、共著に『1995年　未了の問題圏』（大月書店）、『フェミニズムはだれのもの？　フリーターズフリー対談集』（人文書院）、『高学歴女子の貧困　女子は学歴で「幸せ」になれるか？』（光文社新書）など。

「働けない」をとことん考えてみた。

発行日　2025年2月14日　初版第1刷
　　　　2025年6月2日　初版第3刷

著　者　栗田隆子

発行者　下中順平
発行所　株式会社平凡社
　　　　〒101-0051 東京都千代田区神田神保町 3-29
　　　　電話（03）3230-6573［営業］
　　　　ホームページ　https://www.heibonsha.co.jp/

印　刷　株式会社東京印書館
製　本　大口製本印刷株式会社

ISBN978-4-582-83965-4